附录二　记录及证明会计业务事项发生的原始凭证

1.1

抚顺市商业零售统一发票

发票联

№00539

客户名称：飞翔机械有限责任公司　　2015年12月1日

货号	品名及规格	单位	数量	单价	金额 千	百	十	万	千	百	十	元	角	分
	圆珠笔	支	50	4						2	0	0	0	0
	记录本	本	30	10						3	0	0	0	0
合计金额人民币（大写）伍佰元整									¥	5	0	0	0	0
付款方式		开户银行及账号：中国工商银行抚顺市支行顺飞路办事处　41392259900666												
收款企业	现金付讫		收款人	李姗				开票人	王夺					

2.1

中国工商银行托收承付凭证（收账通知）4

邮　　委收号码：005437

委托日期：2015年11月21日　　承付期限：2015年12月1日

付款人	全　称	大连机床厂	收款人 全　称	飞翔机械有限责任公司
	账号或地址	41100126005666	账号或地址	41392259900666
	开户银行	中国工商银行大连市开发区办事处	开户银行	中国工商银行抚顺市顺飞路办事处

托收金额	亿	千	百	十	万	千	百	十	元	角	分
人民币（大写）壹拾万元整			¥	1	0	0	0	0	0	0	0

附　件	商品发运情况	合同名称号码
附寄单证：4张	铁路	758

备注：	本托收款项已由付款人开户银行全额划回并收入你方账户内。 中国工商银行抚顺支行 15-12-01 转讫 收款人开户银行签章 12月1日	科目： 对方科目： 转账：2015年12月1日 单位主管：赵丽　会计：赵丽 复核：赵云　记账：李晓

付款人开户银行收到日期：2015年11月30日　　支付日期：2015年12月1日

21世纪高等院校经济管理类规划教材

财务会计实训教程

（第2版）（原始凭证）

裴永浩　编著

人民邮电出版社

北京

3.1

领料单

2015 年 12 月 1 日　　　　仓库：材料库　　编号：012896

领料部门	材料类别	材料名称	计量单位	数量		实际单位成本	金额	用　途
				请领	实领			
加工车间	低值易耗品	工作服	套	6	6	150	900	劳动保护
机修车间		工作服	套	4	4	150	600	劳动保护
供汽车间		工作服	套	3	3	150	450	劳动保护
销售机构		工作服	套	3	3	150	450	劳动保护
厂部		工作服	套	4	4	150	600	劳动保护
合　计				20	20	150	3 000	

第二联　会计部门

仓库主管：陈青　　发料人：陈青　　领料人：

4.1

抚顺市证券营业部（银行转存）凭证

2015 年 12 月 1 日

收款人	全　称	飞翔机械有限责任公司	付款人	全　称	飞翔机械有限责任公司
	账号或地址	66778899		账号或地址	41392259900666
	开户银行	证券公司办事处		开户银行	中国工商银行抚顺市工行顺飞路办事处

人民币（大写）陆万元整	千	百	十	万	千	百	十	元	角	分
			¥	6	0	0	0	0	0	0

票据种类	转账支票	收款人开户银行盖章：
票据张数	1	
单位主管：　会计：　复核：　记账：		

中国工商银行证券公司办事处 转讫

4.2

中国工商银行

转账支票存根

XⅣ56891001

附加信息

出票日期：2015 年 12 月 1 日

收款人：飞翔机械有限责任公司

金　额：60 000.00

用　途：存出投资款

单位主管：赵丽　　会计：赵丽

5.1

固定资产验收单

2015 年 12 月 2 日

名称	单位	数量	价格	预计使用年限	使用部门
锅炉	台	1	100 000.00	10 年	供汽车间
备注					

制单：刘丽敏　　　　审核：赵云

5.2

中国工商银行
转账支票存根
X IV56891002

附加信息

出票日期：2015 年 12 月 2 日
收款人：河北阳光机械有限责任公司
金　额：117 000.00
用　途：货款

单位主管：赵丽　　会计：赵丽

5.3

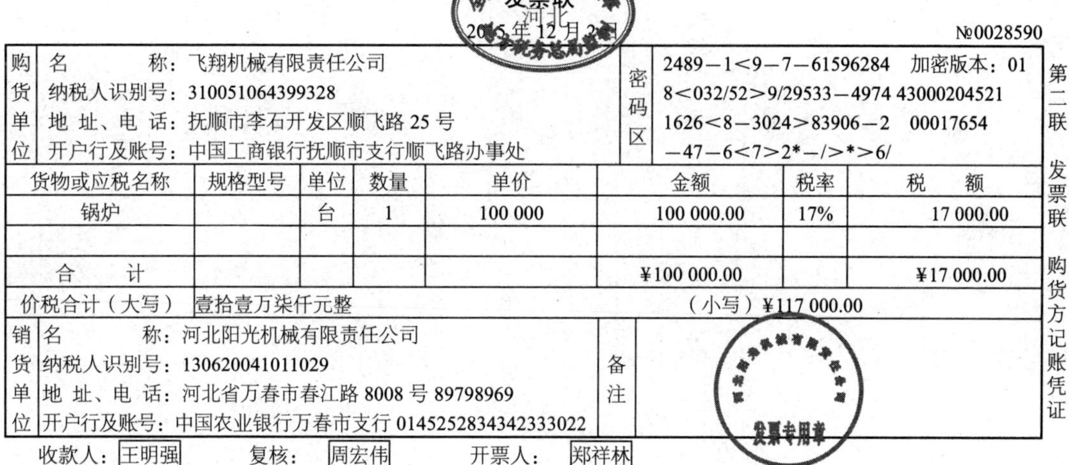

增值税专用发票

发票联

2015 年 12 月 2 日　　№0028590

购货单位	名　　称：飞翔机械有限责任公司 纳税人识别号：310051064399328 地 址、电 话：抚顺市李石开发区顺飞路 25 号 开户行及账号：中国工商银行抚顺市支行顺飞路办事处	密码区	2489—1<9—7—61596284　加密版本：01 8<032/52>9/29533—4974 43000204521 1626<8—3024>83906—2　00017654 —47—6<7>2*—/>*>6/

货物或应税名称	规格型号	单位	数量	单价	金额	税率	税　额
锅炉		台	1	100 000	100 000.00	17%	17 000.00
合　计					¥100 000.00		¥17 000.00
价税合计（大写）	壹拾壹万柒仟元整				（小写）¥117 000.00		

销货单位	名　　称：河北阳光机械有限责任公司 纳税人识别号：130620041011029 地 址、电 话：河北省万春市春江路 8008 号 89798969 开户行及账号：中国农业银行万春市支行 0145252834342333022	备注	发票专用章

收款人：王明强　　复核：周宏伟　　开票人：郑祥林

第二联　发票联　购货方记账凭证

5.4

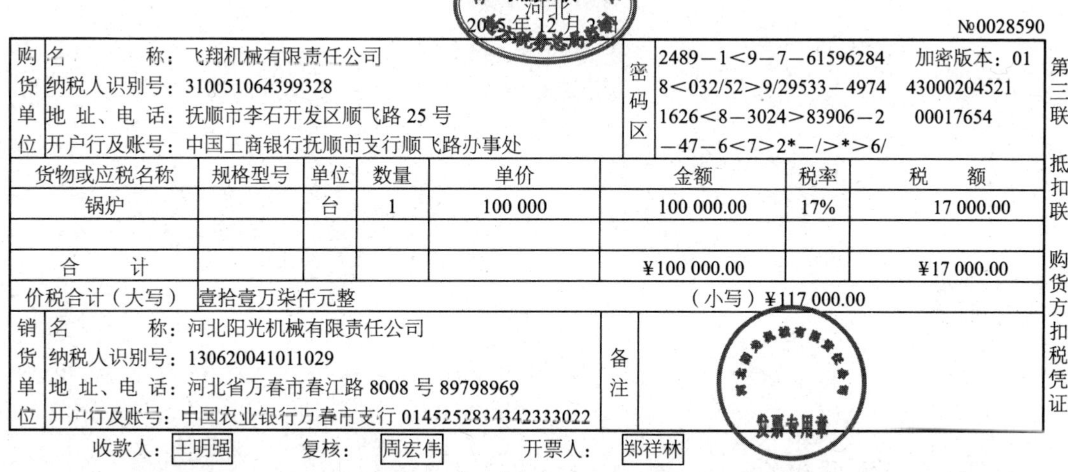

增值税专用发票

抵扣联

2015 年 12 月 2 日　　№0028590

购货单位	名　　称：飞翔机械有限责任公司 纳税人识别号：310051064399328 地 址、电 话：抚顺市李石开发区顺飞路 25 号 开户行及账号：中国工商银行抚顺市支行顺飞路办事处	密码区	2489—1<9—7—61596284　加密版本：01 8<032/52>9/29533—4974　43000204521 1626<8—3024>83906—2　00017654 —47—6<7>2*—/>*>6/

货物或应税名称	规格型号	单位	数量	单价	金额	税率	税　额
锅炉		台	1	100 000	100 000.00	17%	17 000.00
合　计					¥100 000.00		¥17 000.00
价税合计（大写）	壹拾壹万柒仟元整				（小写）¥117 000.00		

销货单位	名　　称：河北阳光机械有限责任公司 纳税人识别号：130620041011029 地 址、电 话：河北省万春市春江路 8008 号 89798969 开户行及账号：中国农业银行万春市支行 0145252834342333022	备注	发票专用章

收款人：王明强　　复核：周宏伟　　开票人：郑祥林

第三联　抵扣联　购货方扣税凭证

6.1

产品出库单

用途：销售　　　　2015 年 12 月 2 日　　　　仓库：成品库　第 080 号

类别	编号	名称及规格	计量单位	数量	单位成本	总成本	附注：
产成品	001	镗刀	件	100			
合　计				100			

记账：李晓　　保管：魏强　　检验：王洪　　制单：赵丽

记账联

6.2

增值税专用发票

存根联

2015 年 12 月 2 日　　№25428346

购货单位	名　　称：北京机床厂 纳税人识别号：110105321987692 地 址、电 话：北京市城北路 865 号 38556688 开户行及账号：中国工商银行北京市城北支行 1601020450018703			密码区	2489－1<9－7－61596284　加密版本：01 8<032/52>9/29533－4974　43000204521 1626<8－3024>83906－2　00017654 －47－6<7>2*－/>*>6/		
货物或应税名称	规格型号	单位	数 量	单价	金 额	税率	税　额
镗刀		件	100	1 400	140 000.00	17%	23 800.00
合　计					¥140 000.00		¥23 800.00
价税合计（大写）	壹拾陆万叁仟捌佰元整				（小写）¥163 800.00		
销货单位	名　　称：飞翔机械有限责任公司 纳税人识别号：310051064399328 地 址、电 话：抚顺市李石开发区顺飞路 25 号 开户行及账号：中国工商银行抚顺市支行顺飞路办事处			备注	飞翔机械有限责任公司 发票专用章		

收款人：杨阳　　复核：赵云　　开票人：富强

第一联　存根联　销货方留存备查

6.3

增值税专用发票

记账联

2015 年 12 月 2 日　　№25428346

购货单位	名　　称：北京机床厂 纳税人识别号：110105321987692 地 址、电 话：北京市城北路 865 号 38556688 开户行及账号：中国工商银行北京市城北支行 1601020450018703			密码区	2489－1<9－7－61596284　加密版本：01 8<032/52>9/29533－4974　43000204521 1626<8－3024>83906－2　00017654 －47－6<7>2*－/>*>6/		
货物或应税名称	规格型号	单位	数 量	单价	金 额	税率	税　额
镗刀		件	100	1 400	140 000.00	17%	23 800.00
合　计					¥140 000.00		¥23 800.00
价税合计（大写）	壹拾陆万叁仟捌佰元整				（小写）¥163 800.00		
销货单位	名　　称：飞翔机械有限责任公司 纳税人识别号：310051064399328 地 址、电 话：抚顺市李石开发区顺飞路 25 号 开户行及账号：中国工商银行抚顺市支行顺飞路办事处			备注	飞翔机械有限责任公司 发票专用章		

收款人：杨阳　　复核：赵云　　开票人：富强

第四联　记账联　销货方记账凭证

7.1

借款单

（副联）

2015 年 11 月 28 日

借款部门或借款人：郑杰 借款金额：人民币（大写）伍仟元整 其中： 支票： 现金：¥5 000.00 借款事由： 差旅费 部门负责人：赵丽 财务部门审核：赵云 经办人：郑杰	备注： 本联系记账联， 只作记账依据， 不作结算凭证。

7.2

差旅费报销单

部门：供销科　　　　填报日期：2015 年 12 月 2 日

姓名	郑杰	出差事由	联系业务	出差日期	自 2015 年 11 月 25 日 至 2015 年 12 月 1 日	共 7 天

起讫时间及地点						车船费		夜间乘车补助费			出差补助费			住宿费			具 他	
月	日	起	月	日	讫	类别	金额	时间	标准	金额	日数	标准	金额	日数	标准	金额	摘要	金额
								小时	%									
								小时	%									
								小时										
								小时										
小 计							2 500.00						200.00			700.00		100.00
共计金额人民币（大写）叁仟伍佰元整												预支：5 000.00 核销：3 500.00 退补：1 500.00						

附单据共　张

部门审批：金阳　　主管领导审批：杨秀峰　　填报人：郑杰

7.3

抚顺市企业单位统一收据

2015 年 12 月 2 日　　№6703520

交款单位或交款人	郑杰	收 款 方 式	现金									
人民币（大写）壹仟伍佰元整			千	百	十	万	千	百	十	元	角	分
						¥	1	5	0	0	0	0
系 付：剩余差旅费			备注：									

收款单位（章）　　收款人（签章）：杨阳

7.4

借款结算联

借款人	郑杰
日期 / 金额	2015 年 11 月 28 日
借款金额	5 000.00
报销金额	3 500.00
交回金额	1 500.00
结付金额	
借款人签章	郑杰
借款结清后，将“借款结算联”撕下，留会计处作转账依据	

8.1

中国工商银行
转账支票存根
X Ⅳ56891003

附加信息

出票日期：2015 年 12 月 2 日
收款人：市国税局
金 额：209 800.00
用 途：税款

单位主管：赵丽　　会计：赵丽

8.2

中华人民共和国税收缴款书

经济类型：有限责任　　　　　　　　填制日期：2015 年 12 月 2 日 征收机关：市国税局

预算科目	款｛税种｝项	增值税、消费税等	缴款人	全　称	飞翔机械有限责任公司
	级　次			账　号	41392259900666
	收缴金库	市国库		开户银行	中国工商银行抚顺市支行顺飞路办事处
税款所属时期：2015 年 11 月			税款限缴日期：2015 年 12 月 2 日		

品目名称	课税数量	计税金额或销售收入	税率或单位税额	已缴或扣除额	实缴金额 百	十	万	千	百	十	元	角	分
增值税						1	6	0	0	0	0	0	0
城市维护建设税							4	5	6	0	0	0	0
教育费附加								4	2	0	0	0	0
合计金额　人民币(大写)　贰拾万零玖仟捌佰元整					¥	2	0	9	8	0	0	0	0

缴款单位（人） 赵云 经办人（章）	税务机关 （印章） 填票人（章）	上列款项已收妥并划转收单位账户。 收款银行（印章） 2015 年 12 月 2 日	备注：

中国工商银行 抚顺支行 15-12-02 转讫

第一联（收据）国库收款盖章后退缴款单位作完税凭证

9.1

中国工商银行信汇凭证（回单）　1

2015 年 12 月 3 日

汇款人	全　称	飞翔机械有限责任公司	收款人	全　称	阜新市中兴煤矿有限公司
	账　号	41392259900666		账　号	414551065665434
	汇出地	辽宁省抚顺市		汇入地	辽宁省阜新市

金额	人民币（大写）捌万壹仟伍佰元整	千	百	十	万	千	百	十	元	角	分
				¥	8	1	5	0	0	0	0

汇款用途：货款	汇出行盖章
单位主管：赵丽　会计：李晓　复核：赵云　记账：李晓	业务章 2015 年 12 月 3 日

9.2

中国工商银行业务收费凭证

2015 年 12 月 3 日

缴款人名称：飞翔机械有限责任公司	信（电）汇　笔　汇票　笔　其他　笔
账　号：41392259900666	托收、委托　笔　支票　本　专用托收　笔

邮电金额 百	十	元	角	分	电报费金额 百	十	元	角	分	手续费金额 百	十	元	角	分	合计金额 千	百	十	元	角	分	科目
										¥	8	0	0	0		¥	8	0	0	0	对方科目
																					复核　记账
																					复票　制票
合计金额		人民币（大写）捌拾元整																			

现金付讫

业务章

9.3

中国工商银行
转账支票存根
XⅣ56891004

附加信息

出票日期：2015 年 12 月 3 日
收款人：阜新市中兴煤矿有限公司
金　额：81 500.00
用　途：货款

单位主管：赵丽　　会计：赵丽

10.1

收料单

供应单位：鞍山钢铁公司　　№.012001

发票号码：011025　　2015 年 12 月 3 日　　仓库：材料库

材料类别	名称及规格	计量单位	数量		实际成本		计划成本		成本差异
			应收	实收	单位成本	金额	单位成本	金额	
原料及主要材料	高碳钢	千克	400	400	330	132 000	300	120 000	12 000

质量检验：王洪　　收料：陈青　　制单：陈青

第二联　会计部门

11.1

领料单

领用单位：供销科　　2015 年 12 月 3 日　　仓库：材料库　　编号：012897

材料类别	名称及规格	计量单位	数量		实际单位成本	金额	用途
			请领	实领			
周转材料	包装箱	个	10	10	295	2 950	销售
合　计							

仓库主管：陈青　　发料人：陈青　　领料人：李平

第二联　会计部门

12.1

领料单

领用单位：加工车间　　2015 年 12 月 3 日　　仓库：材料库　　编号：012898

材料类别	名称及规格	计量单位	数量		计划单位成本	金额	用途
			请领	实领			
原料及主要材料	高碳钢	千克	150	150	300.00	45 000.00	生产镗刀
辅助材料	润滑油	千克	25	25	42.40	1 060.00	生产镗刀
合　计						46 060.00	

仓库主管：陈青　　发料人：陈青　　领料人：李平

第二联　会计部门

12.2

领料单

领用单位：加工车间　　2015 年 12 月 3 日　　仓库：材料库　　编号：012899

材料类别	名称及规格	计量单位	数量		计划单位成本	金额	用途
			请领	实领			
原料及主要材料	高速钢	千克	150	150	140.00	21 000.00	生产涂层圆锯片铣刀
辅助材料	润滑油	千克	10	10	42.40	424.00	生产涂层圆锯片铣刀
辅助材料	TIC 涂料	千克	155	155	20.00	3 100.00	生产涂层圆锯片铣刀
合　计						24 524.00	

仓库主管：陈青　　发料人：陈青　　领料人：李平

第二联　会计部门

12.3

领料单

领用单位：加工车间　　2015 年 12 月 3 日　　仓库：材料库　　编号：012900

材料类别	名称及规格	计量单位	数量		计划单位成本	金额	用途
			请领	实领			
原料及主要材料	高速钢	千克	20	20	140.00	2 800.00	一般消耗
辅助材料	润滑油	千克	50	50	42.40	2 120.00	一般消耗
合　计						4 920.00	

仓库主管：陈青　　发料人：陈青　　领料人：李平

第二联　会计部门

12.4

领料单

领用单位：机修车间　　2015 年 12 月 3 日　　仓库：材料库　　编号：012901

材料类别	名称及规格	计量单位	数量		计划单位成本	金额	用途
			请领	实领			
原料及主要材料	高碳钢	千克	10	10	300.00	3 000.00	提供劳务
辅助材料	润滑油	千克	110	110	42.40	4 664.00	提供劳务
合　计						7 664.00	

仓库主管：陈青　　发料人：陈青　　领料人：陈斌

第二联　会计部门

12.5

领料单

领用单位：供汽车间　　2015 年 12 月 3 日　　仓库：材料库　　编号：012902

材料类别	名称及规格	计量单位	数量		计划单位成本	金额	用途
			请领	实领			
燃料	原煤	吨	19	19	450.00	8 550.00	提供劳务
合　计			19	19	450.00	8 550.00	

仓库主管：陈青　　发料人：陈青　　领料人：张萍

第二联　会计部门

12.6

领料单

领用单位：销售机构　　　　2015 年 12 月 3 日　　　　仓库：材料库　　　　编号：012903

材料类别	名称及规格	计量单位	数量		计划单位成本	金额	用途
			请领	实领			
辅助材料	TIC 涂料	千克	5	5	20.00	100.00	售后服务
合　计			5	5	20.00	100.00	

第二联　会计部门

仓库主管：陈青　　　　发料人：陈青　　　　领料人：富强

12.7

领料单

领用单位：厂部　　　　2015 年 12 月 3 日　　　　仓库：材料库　　　　编号：012904

材料类别	名称及规格	计量单位	数量		计划单位成本	金额	用途
			请领	实领			
辅助材料	润滑油	千克	5	5	42.40	212.00	一般消耗
合　计			5	5	42.40	212.00	

第二联　会计部门

仓库主管：陈青　　　　发料人：陈青　　　　领料人：张凯

13.1

中国工商银行委托收款凭证（回单） 1

邮　　　　委收号码：005560

委托日期：2015 年 12 月 2 日　　　　付款期限：2015 年 12 月 5 日

<table>
<tr><td rowspan="3">付款人</td><td>全　称</td><td>沈阳机床厂</td><td rowspan="3">收款人</td><td>全　称</td><td colspan="11">飞翔机械有限责任公司</td></tr>
<tr><td>账号或地址</td><td>28019225990666</td><td>账号或地址</td><td colspan="11">41392259900666</td></tr>
<tr><td>开户银行</td><td>中国工商银行沈阳市铁西区办事处</td><td>开户银行</td><td colspan="11">中国工商银行抚顺市支行顺飞路办事处</td></tr>
<tr><td rowspan="2">委收金额</td><td colspan="4" rowspan="2">人民币（大写）捌万零捌佰元整</td><td>亿</td><td>千</td><td>百</td><td>十</td><td>万</td><td>千</td><td>百</td><td>十</td><td>元</td><td>角</td><td>分</td></tr>
<tr><td></td><td></td><td></td><td>¥</td><td>8</td><td>0</td><td>8</td><td>0</td><td>0</td><td>0</td><td>0</td></tr>
<tr><td>款项内容</td><td>票款</td><td>委托收款凭据名称</td><td>商业承兑汇票</td><td>附寄单证张数</td><td colspan="11"></td></tr>
<tr><td colspan="2">备注：</td><td>款项收妥日期
2015 年 12 月 2 日</td><td colspan="13">收款人开户银行签章 2015 年 12 月 3 日</td></tr>
</table>

单位主管　会计　复核　记账　付款人开户银行收到日期：2015 年 12 月 3 日　支付日期：2015 年 12 月 3 日

13.2

中国工商银行委托收款凭证（收账通知） 4

邮

委收号码：005560

委托日期：2015 年 12 月 2 日　　付款期限：2015 年 12 月 5 日

			收款人		
付款人	全　称	沈阳机床厂	收款人	全　称	飞翔机械有限责任公司
	账号或地址	28019225990666		账号或地址	41392259900666
	开户银行	中国工商银行沈阳市铁西区办事处		开户银行	中国工商银行抚顺市支行顺飞路办事处

委收金额	人民币（大写）捌万零捌佰元整	亿	千	百	十	万	千	百	十	元	角	分
					¥	8	0	8	0	0	0	0

款项内容	票款	委托收款凭据名称	商业承兑汇票	附寄单证张数	

备注：

上列款项
1. 已全部划回收入你方账户。
2. 全部未收到。

中国工商银行 抚顺支行 15-12-03 转讫

收款人开户银行签章
2015 年 12 月 3 日

单位主管　会计　复核　记账　付款人开户银行收到日期：2015 年 12 月 3 日　支付日期：2015 年 12 月 3 日

13.3

应收票据利息计算表

2015 年 12 月 3 日

票据种类	商业承兑汇票	票面金额	80 000.00 元
计息时间	3 个月	票面利率	4%

应得利息	人民币（大写）捌佰元整	千	百	十	万	千	百	十	元	角	分
						¥	8	0	0	0	0

复核：赵云　　制表：赵丽

14.1

抚顺证券中央登记结算公司

买

经办单位：证券公司门市部

成交过户交割单　　2015 年 12 月 4 日

抚顺市税务局监制

股东编号	A0099	成交证券	抚顺特钢股份有限公司
电脑编号	Z0077	成交数量	5 000 股
公司名称	飞翔机械有限责任公司	成交价格	10 元
申报编号	120104	成交金额	50 000 元
申报时间	12 月 4 日	佣　金	450 元
成交时间	201512041420	过户费	
上次余额		印花税	
本次成交		应付金额	50，450 元
本次余额	9 550	到期日期	
本次库存	9 550	到期金额	
客户签章		客户签章	

③通知联收款人存查

中国工商银行 证券公司办事处 转讫

财务专用章

15.1

抚顺市联运公司

发票联

单位名称：沈阳机床厂　　2015 年 12 月 4 日　　№：05282

货物名称	计费重量	费用项目	单价	千	百	十	万	千	百	十	元	角	分
涂层圆锯片铣刀	200 片	商品运输费	3						6	0	0	0	0
合　计								¥	6	0	0	0	0
	人民币（大写）陆佰元整												

复核：　　制单：张娟　　盖章：

发票专用章

15.2

增值税专用发票

记账联

№25428347

2015年12月4日

购货单位	名　　称：沈阳机床厂 纳税人识别号：102405321987297 地 址、电 话：沈阳市铁西区兴华北街 22 号 开户行及账号：中国工商银行沈阳市铁西区办事处 28019225990666				密码区	2489－1<9－7－61596284 加密版本：01 8<032/52>9/29533－4974 43000204521 1626<8－3024>83906－2 00017654 －47－6<7>2*－/>*>6/		
货物或应税名称	规格型号	单位	数 量	单价	金　　额		税率	税　　额
涂层圆锯片铣刀		片	200	500	100 000.00		17%	17 000.00
合　　计					¥100 000.00			¥17 000.00
价税合计（大写）	壹拾壹万柒仟元整				（小写）¥117 000.00			
销货单位	名　　称：飞翔机械有限责任公司 纳税人识别号：310051064399328 地 址、电 话：抚顺市李石开发区顺飞路 25 号 开户行及账号：中国工商银行抚顺市支行顺飞路办事处				备注			

第四联 记账联 销货方记账凭证

收款人：杨阳　　复核：赵云　　开票人：富强

15.3

商业承兑汇票　　2

贰零壹伍年拾贰月零肆日　　汇票号码：第 015 号

付款人	全　称	沈阳机床厂	收款人	全　称	飞翔机械有限责任公司
	账　号	28019225990666		账　号	41392259900666
	开户银行	中国工商银行沈阳市铁西区办事处		开户银行	中国工商银行抚顺市支行顺飞路办事处
汇票金额		人民币（大写）壹拾壹万柒仟陆佰元整		千百十万千百十元角分	¥ 1 1 7 6 0 0 0 0
汇票到期日		贰零壹陆年叁月零肆日		票面利率	5%
本汇票已经承兑，到期日无条件支付票款。 承兑人盖章 承兑日期 2015 年 12 月 4 日			本汇票请予以承兑到期日付款。 出票人盖章		

15.4

产品出库单

用途：销售　　2015 年 12 月 4 日　　第 081 号

仓库：成品库

类别	编号	名称及规格	计量单位	数量	单位成本	总成本	附注：
产成品	002	涂层圆锯片铣刀	片	200			
合　　计				200			

记账联

记账：李晓　　保管：魏强　　检验：王洪　　制单：赵丽

15.5

中国工商银行
转账支票存根
XⅣ56891005

附加信息

出票日期：2015年12月4日
收款人：抚顺市联运公司
金　额：600.00
用　途：运费

单位主管：赵丽　　会计：赵丽

16.1

飞翔机械有限责任公司补助申请单

申请人	李树根	补助原因	李艳丧葬抚恤金。
申请金额	贰仟元整		
部门意见	同意按规定支付丧葬抚恤金贰仟元。 马龙　2015年12月4日	代收据	今收到李艳丧葬抚恤金贰仟元。 收款人：李树根 2015年12月4日
工会意见	同意。 刘玉梅　2015年12月4日		

16.2

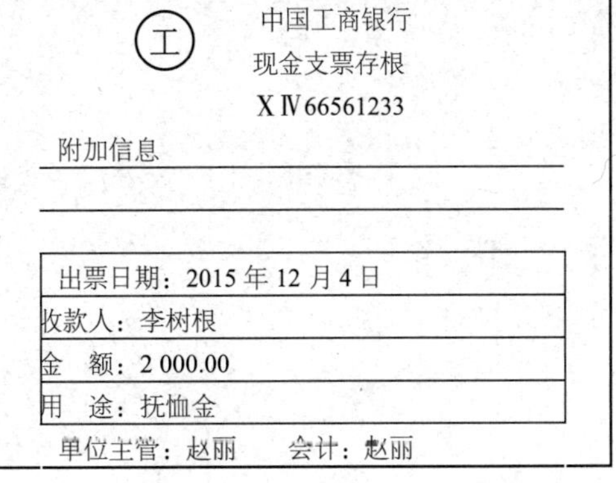

中国工商银行
现金支票存根
XⅣ66561233

附加信息

出票日期：2015年12月4日
收款人：李树根
金　额：2 000.00
用　途：抚恤金

单位主管：赵丽　　会计：赵丽

17.1

抚顺市联运公司

发票联

单位名称：北京机床厂　　2015年12月5日　　№：05299

货物名称	计费重量	费用项目	单价	金额									
				千	百	十	万	千	百	十	元	角	分
镗刀	200件	商品运输费	2						4	0	0	0	0
涂层圆锯片铣刀	300片	商品运输费	2						6	0	0	0	0
合　计							¥	1	0	0	0	0	0
	人民币（大写）壹仟元整												

复核：　　制单：张娟　　盖章：

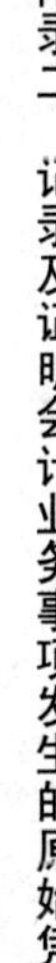

17.2

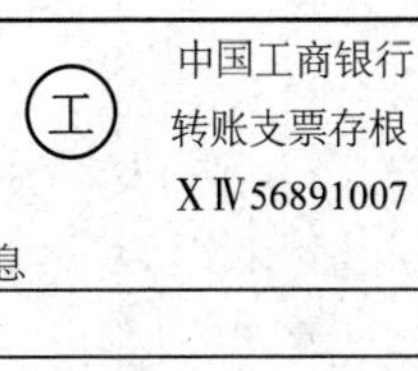

工

中国工商银行
转账支票存根
XⅣ56891007

附加信息

出票日期：2015 年 12 月 5 日
收款人：抚顺市联运公司
金　额：1 000.00
用　途：运费

单位主管：赵丽　　会计：赵丽

17.3

增值税专用发票

记账联

2015 年 12 月 5 日

№25128318

购货单位	名　　称：北京机床厂 纳税人识别号：110105321987692 地 址、电 话：北京市城北路 865 号 38556688 开户行及账号：中国工商银行北京市城北支行 1601020450018703					密码区	2489−1<9−7−61596284　加密版本：01 8<032/52>9/29533−4974　43000204521 1626<8−3024>83906−2　00017654 −47−6<7>2*−/>*>6/	
货物或应税名称	规格型号	单位	数 量	单价	金 额		税率	税　额
镗刀		件	200	1 400	280 000.00		17%	47 600.00
涂层圆锯片铣刀		片	300	500	150 000.00		17%	25 500.00
合　计					¥430 000.00			¥73 100.00
价税合计（大写）	伍拾万零叁仟壹佰元整				（小写）¥503 100.00			
销货单位	名　　称：飞翔机械有限责任公司 纳税人识别号：310051064399328 地 址、电 话：抚顺市李石开发区顺飞路 25 号 开户行及账号：中国工商银行抚顺市支行顺飞路办事处					备注	飞翔机械有限责任公司 发票专用章	

第四联 记账联 销货方记账凭证

收款人：杨阳　　复核：赵云　　开票人：富强

17.4

邮

中国工商银行托收承付凭证（回单） 1　　委收号码：005438

委托日期：2015 年 12 月 5 日　　承付期限：2015 年 12 月 14 日

付款人	全　称	北京机床厂	收款人	全　称	飞翔机械有限责任公司
	账号或地址	1601020450018703		账号或地址	41392259900666
	开户银行	中国工商银行北京市城北支行		开户银行	中国工商银行抚顺市支行顺飞路办事处

托收金额	人民币（大写）伍拾万零肆仟壹佰元整	亿	千	百	十	万	千	百	十	元	角	分
				¥	5	0	4	1	0	0	0	0

附　件	商品发运情况	合同名称号码
附寄单证：4 张	铁路	759

备注：	款项受托日期 2015 年 12 月 5 日	中国工商银行抚顺市支行 业务章 收款人开户银行签章　2015 年 12 月 5 日

单位主管：赵丽　　会计：赵丽　　复核：赵云　　记账：李晓

17.5

产品出库单

用途：销售　　　　2015 年 12 月 5 日　　　　第 082 号

仓库：成品库

类别	编号	名称及规格	计量单位	数量	单位成本	总成本	附注：
产成品	001	镗刀	件	200			
产成品	002	涂层圆锯片铣刀	片	300			
合　计							

记账联

记账：李晓　　保管：魏强　　检验：王洪　　制单：赵丽

18.1

中国工商银行
转账支票存根
XⅣ56891008

附加信息

出票日期：2015 年 12 月 5 日
收款人：鞍山钢铁公司
金　额：120 000.00
用　途：办理汇票

单位主管：赵丽　　会计：赵丽

18.2

中国工商银行汇票申请书（存根）

1

汇票号码 第 101 号

委托日期：2015 年 12 月 5 日

申请人	飞翔机械有限责任公司	收款人	鞍山钢铁公司
账号或住址	41392259900666	账号或住址	41219225990888
用途：采购高碳钢		代理付款行	中国工商银行抚顺市支行

汇票金额	人民币（大写）壹拾贰万元整	千	百	十	万	千	百	十	元	角	分
			¥	1	2	0	0	0	0	0	0

备注：

科目：
对方科目：
主管：　　复核：　　经办：

此联申请人留存

18.3

银行汇票

2

汇票号码 第 101 号

付款期限一个月

出票日期：贰零壹伍年拾贰月零伍日	代理付款行：中国工商银行抚顺市支行	行号：555
收款人：鞍山钢铁公司	账号：41219225990888	
出票金额：人民币（大写）壹拾贰万元整		

实际结算金额	人民币（大写）	千	百	十	万	千	百	十	元	角	分

申请人：飞翔机械有限责任公司　　账号或住址：41392259900666

出票行：顺飞路办事处 行号：555

备注：

凭票付款

出票行签章

多余金额									
千	百	十	万	千	百	十	元	角	分

科目：
对方科目：
兑付日期　　年　　月　　日
复核：　　记账：

此联代理付款行付款后借方凭证附件

18.4

银行汇票　（解讫通知）3

付款期限一个月　　　　汇票号码 第 101 号

出票日期：贰零壹伍年拾贰月零伍日	代理付款行：中国工商银行抚顺市支行	行号：555
收款人：鞍山钢铁公司	账号：41219225990888	
出票金额：人民币（大写）壹拾贰万元整		
实际结算金额	人民币（大写）	
申请人：飞翔机械有限责任公司	账号或住址：41392259900666	
出票行：顺飞路办事处 行号：555		
备注：		科目：
代理付款银行盖章		对方科目：
		兑付日期　年　月　日
复核：　经办：		复核：　记账：

实际结算金额：

千	百	十	万	千	百	十	元	角	分

多余金额：

千	百	十	万	千	百	十	元	角	分

此联为出票行多余款贷方凭证

19.1

银行汇票　（多余款收账通知）4

付款期限一个月　　　　汇票号码 第 101 号

出票日期：贰零壹伍年拾贰月零伍日	代理付款行：中国工商银行抚顺市支行	行号：555
收款人：鞍山钢铁公司	账号：41219225990888	
出票金额：人民币（大写）壹拾贰万元整		
实际结算金额	人民币（大写）壹拾壹万元整	
申请人：飞翔机械有限责任公司	账号或住址：41392259900666	
出票行：顺飞路办事处 行号：555		
备注：		左列退回多余金额已收入你账户内
出票行盖章		
2015 年 12 月 6 日：		财务主管　复核　经办

实际结算金额：

千	百	十	万	千	百	十	元	角	分
	¥	1	1	0	0	0	0	0	0

多余金额：

千	百	十	万	千	百	十	元	角	分
		¥	1	0	0	0	0	0	0

（印章：中国工商银行 鞍山支行 15-12-06 转讫）

此联出票行结清多余款后交申请人

19.2

鞍山市联运公司

发票联

单位名称：飞翔机械有限责任公司　　2015 年 12 月 6 日　　№：01209

货物名称	计费重量	费用项目	单价	千	百	十	万	千	百	十	元	角	分
高碳钢	300 千克	商品运输费	3.96667					1	1	9	0	0	0
合　计							¥	1	1	9	0	0	0
	人民币（大写）壹仟壹佰玖拾元整												

复核：　　制单：　曲立峰　　盖章：

（印章：鞍山市联运公司 发票专用章）

19.3

增值税专用发票

发票联

2015 年 12 月 6 日

№0028601

购货单位	名　　称：飞翔机械有限责任公司 纳税人识别号：310051064399328 地 址、电 话：抚顺市李石开发区顺飞路 25 号 开户行及账号：中国工商银行抚顺市支行顺飞路办事处				密码区	2489—1<9—7—61596284 加密版本：01 8<032/52>9/29533—4974 43000204521 1626<8—3024>83906—2 00017654 —47—6<7>2*—/>*>6/	
货物或应税名称	规格型号	单位	数 量	单价	金 额	税率	税 额
高碳钢		千克	300	310	93 000.00	17%	15 810.00
合　计					¥93 000.00		¥15 810.00
价税合计（大写）	壹拾万捌仟捌佰壹拾元整				（小写）¥108 810.00		
销货单位	名　　称：鞍山钢铁公司 纳税人识别号：412620041220048 地址、电 话：辽宁鞍山铁西区环钢路 1 号 开户行及账号：中国工商银行鞍山市环钢路办事处				备注		

收款人：王强　　复核：姚立刚　　开票人：林木

第二联 发票联 购货方记账凭证

20.1

收料单

供应单位：鞍山钢铁公司　　№.012002

发票号码：011026			2015 年 12 月 6 日						仓库：材料库
材料类别	名称及规格	计量单位	数量		实际成本		计划成本		成本差异
			应收	实收	单位成本	金额	单位成本	金额	
原料及主要材料	高速钢	千克	500	490	136	66 640	140	68 600	1 960

质量检验：王洪　　收料：陈青　　制单：李晓

第二联 会计部门

20.2

飞翔机械有限责任公司原材料溢缺报告单

2015 年 12 月 6 日

原材料名称	计量单位	实际单位成本	应收数		实收数		溢余		短缺		备注
			数量	金额	数量	金额	数量	金额	数量	金额	
高速钢	千克	136	500	68 000	490	66 640			10	1 360	
合　计		136	500	68 000	490	66 640			10	1 360	
原因分析：待查					审批意见：						

单位（盖章）　　财务科负责人：赵丽　　制表：陈青

21.1

抚顺市商业零售统一发票

发票联

客户名称：飞翔机械有限责任公司　　2015 年 12 月 6 日　　№00549

货　号	品名及规格	单位	数量	单价	金额 千	百	十	万	千	百	十	元	角	分
	公文包	只	50	20					1	0	0	0	0	0
合计金额（大写）壹仟元整								¥	1	0	0	0	0	0

付款方式	转账支票	开户银行及账号：中国工商银行抚顺市支行顺飞路办事处　41392259900666			
收款企业		收款人	李姗	开票人	王夺

21.2

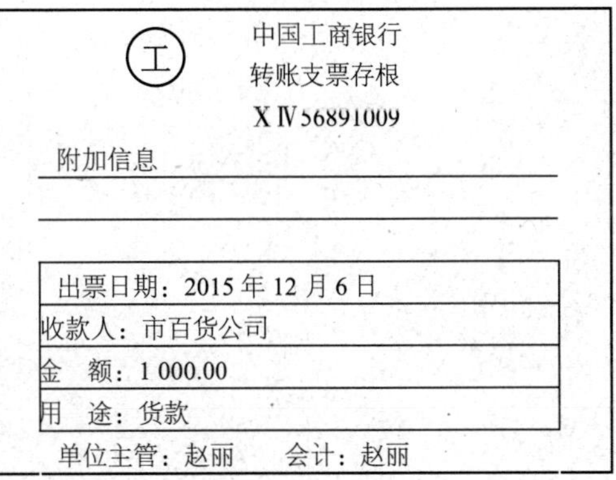

中国工商银行
转账支票存根
X Ⅳ56891009

附加信息

出票日期：2015 年 12 月 6 日
收款人：市百货公司
金　额：1 000.00
用　途：货款

单位主管：赵丽　　会计：赵丽

21.3

办公用品领用单

2015 年 12 月 6 日　　仓库：材料库　　编号：054

领用部门	用品类别	用品名称	计量单位	数量 请领	数量 实领	实际单位成本	金额	用 途
生产车间	包	公文包	只	15	15	20	300	办公用
机修车间		公文包	只	4	4	20	80	办公用
供汽车间		公文包	只	4	4	20	80	办公用
销售机构		公文包	只	2	2	20	40	办公用
厂部		公文包	只	25	25	20	500	办公用
合　　计				50	50	20	1 000	

仓库主管：陈青　　发料人：陈青　　领料人：李平、张萍、陈斌、丁伟、金阳

22.1

委托加工材料发料单

加工单位：宏宇木器加工厂

加工合同：051130　　2015 年 12 月 6 日　　仓库：材料库　　编号：055

材料类别	名称及规格	计量单位	实发数量	计划单位成本	金　额
包装材料	木材	立方米	10	600	6 000

记账联

仓库主管：陈青　　发料人：陈青

22.2

材料成本差异率计算表

2015 年 12 月 6 日

项　　目	计量单位	数量	计划单价	计划成本	月初成本差异率	应分摊成本差异额
合　　计						

复核：赵云　　　　　　　　　　制表：李晓

23.1

抚顺市企业单位统一收据

2015 年 12 月 6 日　　　　　　　　　　№5815534

交款单位或交款人	飞翔机械有限责任公司	收　款方　式	转账支票									
人民币（大写）陆万柒仟元整			千	百	十	万	千	百	十	元	角	分
					¥	6	7	0	0	0	0	0
系　付：社会保险费			备注：									

记账联

收款单位（章）　　　　　　　　　　收款人（签章）：杨阳

23.2

中国工商银行
转账支票存根
X Ⅳ 56891010
附加信息

出票日期：2015 年 12 月 6 日
收款人：中国人寿保险公司
金　额：67 000.00
用　途：社会保险费
单位主管：赵丽　　会计：赵丽

24.1

收料单

供应单位：鞍山钢铁公司　　　　　　　　　　№.012003

发票号码：011027　　　　2015 年 12 月 7 日　　　　仓库：材料库

材料类别	名称及规格	计量单位	数量		实际成本		计划成本		成本差异
			应收	实收	单位成本	金额	单位成本	金额	
原料及主要材料	高碳钢	千克	300	300	313 .967	94 190	300	90 000	4 190
			300	300	313 .967	94 190	300	90 000	4 190

第二联　会计部门

质量检验：王洪　　　　收料：陈青　　　　制单：李晓

25.1

飞翔机械有限公司原材料溢缺处理意见单

2015 年 12 月 7 日

<table>
<tr><td colspan="2">事　　项</td><td>材料名称</td><td>数量</td><td>实际成本</td></tr>
<tr><td colspan="2">向鞍钢公司采购短缺</td><td>高速钢</td><td>10 千克</td><td>1 360</td></tr>
<tr><td>原　因</td><td colspan="4">1. 鞍山钢铁公司少发 5 千克。
2. 鞍山市联运公司运输途中损失 5 千克。</td></tr>
<tr><td>处　理
意　见</td><td colspan="4">1. 经与鞍山钢铁公司联系，鞍山钢铁公司少发的 5 千克，由鞍山钢铁公司补发，已在运输途中。
2. 经与鞍山市联运公司联系，鞍山市联运公司运输途中损失的 5 千克，由鞍山市联运公司承担赔偿，包括增值税额 110.50 元。
飞翔机械有限责任公司业务科</td></tr>
<tr><td>审　批
意　见</td><td colspan="2">财务科：
同意，应收赔偿款开出收据收取。
签字：赵丽</td><td colspan="2">厂部：
同意。请业务科、财务科办理。
签字：杨秀峰</td></tr>
</table>

26.1

抚顺市托儿所托费专用收据

2015 年 12 月 4 日　　　　编号：BX1123

<table>
<tr><td>姓　　名</td><td colspan="4">丁亚丽</td><td colspan="2">班　　级</td><td colspan="2">托幼</td><td>家　长</td><td>丁伟</td></tr>
<tr><td>托费项目</td><td colspan="10">1. 托费：500 元　2. 伙食费：200 元　3. 医药费：20 元</td></tr>
<tr><td rowspan="2">合　计</td><td rowspan="2">人民币（大写）柒佰贰拾元整</td><td>千</td><td>百</td><td>十</td><td>万</td><td>千</td><td>百</td><td>十</td><td>元</td><td>角</td><td>分</td></tr>
<tr><td></td><td></td><td></td><td></td><td>¥</td><td>7</td><td>2</td><td>0</td><td>0</td><td>0</td></tr>
<tr><td colspan="12">收款单位（公章）：　　收款人：丁伟</td></tr>
<tr><td colspan="12">报销单位审批意见：
按规定同意报销托儿费 500 元整。　现金付讫
工会：刘玉梅　2015 年 12 月 7 日</td></tr>
</table>

27.1

中国工商银行进账单（回单）

2015 年 12 月 7 日

<table>
<tr><td rowspan="3">收款人</td><td>全　　称</td><td>飞翔机械有限责任公司</td><td rowspan="3">付款人</td><td>全　　称</td><td colspan="11">北京机床厂</td></tr>
<tr><td>账号或地址</td><td>41392259900666</td><td>账号或地址</td><td colspan="11">1601020450018703</td></tr>
<tr><td>开户银行</td><td>中国工商银行抚顺市支行顺飞路办事处</td><td>开户银行</td><td colspan="11">北京市城北支行</td></tr>
<tr><td colspan="5" rowspan="2">人民币（大写）叁万元整</td><td>亿</td><td>千</td><td>百</td><td>十</td><td>万</td><td>千</td><td>百</td><td>十</td><td>元</td><td>角</td><td>分</td></tr>
<tr><td></td><td></td><td></td><td>¥</td><td>3</td><td>0</td><td>0</td><td>0</td><td>0</td><td>0</td><td>0</td></tr>
<tr><td colspan="2">票据种类</td><td>银行汇票</td><td colspan="13" rowspan="4">收款人开户银行盖章：
中国工商银行
抚顺支行
15-12-07
转
讫</td></tr>
<tr><td colspan="2">票据张数</td><td>1</td></tr>
<tr><td colspan="3">单位主管：赵丽　　会计：赵丽</td></tr>
<tr><td colspan="3">复　核：赵云　　记账：李晓</td></tr>
</table>

28.1

抚顺市商业零售统一发票

发票联

№00575

客户名称：飞翔机械有限责任公司　　2015 年 12 月 8 日

<table>
<tr><td rowspan="2">货　号</td><td rowspan="2">品名及规格</td><td rowspan="2">单位</td><td rowspan="2">数量</td><td rowspan="2">单价</td><td colspan="10">金　　额</td></tr>
<tr><td>千</td><td>百</td><td>十</td><td>万</td><td>千</td><td>百</td><td>十</td><td>元</td><td>角</td><td>分</td></tr>
<tr><td></td><td>文件柜</td><td>个</td><td>4</td><td>500</td><td></td><td></td><td></td><td></td><td>2</td><td>0</td><td>0</td><td>0</td><td>0</td><td>0</td></tr>
<tr><td></td><td></td><td></td><td></td><td></td><td></td><td></td><td></td><td></td><td></td><td></td><td></td><td></td><td></td><td></td></tr>
<tr><td colspan="5">合计金额（大写）贰仟元整</td><td></td><td></td><td></td><td>¥</td><td>2</td><td>0</td><td>0</td><td>0</td><td>0</td><td>0</td></tr>
<tr><td>付款方式</td><td>转账支票</td><td colspan="13">开户银行及账号：中国工商银行抚顺市支行顺飞路办事处　41392259900666</td></tr>
<tr><td>收款企业</td><td></td><td>收款人</td><td>李姗</td><td>开票人</td><td colspan="10">王夺</td></tr>
</table>

28.2

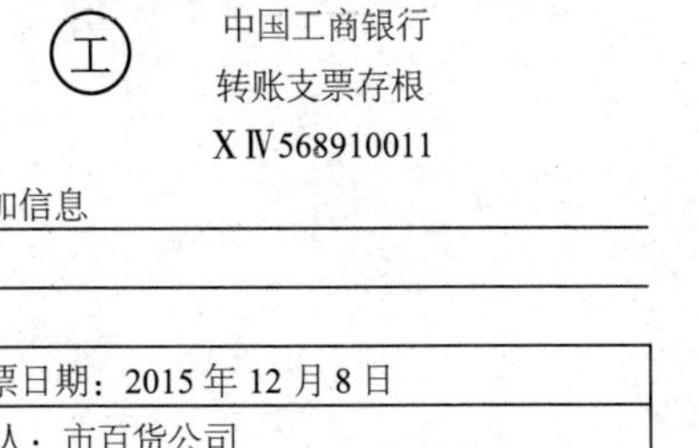

中国工商银行
转账支票存根
X Ⅳ 568910011

附加信息

出票日期：2015 年 12 月 8 日
收款人：市百货公司
金　额：2 000.00
用　途：货款

单位主管：赵丽　　会计：赵丽

28.3

收料单

供应单位：市百货公司　　　　№.012004
发票号码：00577　　2015 年 12 月 8 日　　仓库：材料库

材料类别	名称及规格	计量单位	数量		实际成本		计划成本		成本差异
			应收	实收	单位成本	金额	单位成本	金额	
周转材料	文件柜	个	4	4	500	2 000			

质量检验：王洪　　收料：陈青　　制单：李晓

第二联 会计部门

29.1

服务业统一发票

发票联

№01768

客户单位：飞翔机械有限责任公司　　2015 年 12 月 8 日

项目	单位	数量	单价	金额 十	万	千	百	十	元	角	分	备注
餐费							5	0	0	0	0	
人民币（大写）：伍佰元整			现金付讫			¥	5	0	0	0	0	

30.1

抚顺证券中央登记结算公司

经办单位：证券公司门市部
成交过户交割单　　2015 年 12 月 8 日

股东编号	A0099	成交证券	宝丽来股份有限公司
电脑编号	Z0077	成交数量	4000 股
公司名称	飞翔机械有限责任公司	成交价格	13 元
申报编号	120107	成交金额	52 000 元
申报时间	12 月 8 日	佣　金	450 元
成交时间	201512081520	过户费	
上次余额		印花税	50 元
本次成交		实收金额	51 500 元
本次余额	61 050	到期日期	
本次库存	61 050	到期金额	
客户签章		客户签章	

顺市税务局监制

31.1

中国工商银行进账单（回单）

2015 年 12 月 9 日

收款人	全　称	飞翔机械有限责任公司	付款人	全　称	大连机床厂
	账号或地址	41392259900666		账号或地址	41100126005666
	开户银行	中国工商银行抚顺市支行顺飞路办事处		开户银行	中国工商银行大连市开发区办事处

人民币（大写）捌万叁仟捌佰元整	亿	千	百	十	万	千	百	十	元	角	分
				¥	8	3	8	0	0	0	0

票据种类	转账支票	收款人开户银行盖章：中国工商银行 抚顺支行 15-12-09 转 讫
票据张数	1	
单位主管：赵丽	会计：赵丽	
复　核：赵云	记账：李晓	

31.2

产品出库单

用途：销售　　2015 年 12 月 9 日　　第 083 号

仓库：成品库

类别	编号	名称及规格	计量单位	数量	单位成本	总成本	附注：
产成品	001	镗刀	件	100			
合　计				100			

记账联

记账：李晓　　保管：魏强　　检验：王洪　　制单：赵丽

31.3

增值税专用发票

记账联

辽宁

2015 年 12 月 9 日　　№25428349

购货单位	名　称：大连机床厂 纳税人识别号：411532198459781 地 址、电 话：大连市开发区双 D 港辽河东路 100 号 开户行及账号：中国工商银行大连市开发区办事处				密码区	2489－1<9－7－61596284　加密版本：01 8<032/52>9/29533－4974　43000204521 1626<8－3024>83906－2　00017654 －47－6<7>2*－/>*>6/	
货物或应税名称	规格型号	单位	数 量	单价	金 额	税率	税　额
镗刀		件	100	1 400	140 000.00	17%	23 800.00
合　计					¥140 000.00		¥23 800.00
价税合计（大写）	壹拾陆万叁仟捌佰元整				（小写）¥163 800.00		
销货单位	名　称：飞翔机械有限责任公司 纳税人识别号：310051064399328 地 址、电 话：抚顺市李石开发区顺飞路 25 号 开户行及账号：中国工商银行抚顺市支行顺飞路办事处				备注		

第四联 记账联 销货方记账凭证

收款人：王强　　复核：姚立刚　　开票人：林木

32.1

抚顺市商业零售统一发票

发票联

№00579

客户名称：飞翔机械有限责任公司		2015 年 12 月 9 日													
货　号	品名及规格	单位	数量	单价	金　　额										
					千	百	十	万	千	百	十	元	角	分	
	纸杯	个	1 000	0.5						5	0	0	0	0	
	礼品	件	5	200					1	0	0	0	0	0	
合计金额（大写）壹仟伍佰元整								¥	1	5	0	0	0	0	
付款方式		开户银行及账号：中国工商银行抚顺市支行顺飞路办事处　41392259900666													
收款企业	现金付讫	收款人	李姗	开票人	王夺										

33.1

抚顺市事业单位统一收据

2015 年 12 月 9 日　　№6708850

交款单位或交款人	飞翔机械有限责任公司	收款方式	转账支票									
人民币（大写）肆仟捌佰元整			千	百	十	万	千	百	十	元	角	分
						¥	4	8	0	0	0	0
系　　付：下年度书报费			备注：									
收款单位（章）			收款人（签章）：									

记账联

33.2

中国工商银行

转账支票存根

XⅣ56891012

附加信息

出票日期：2015 年 12 月 9 日

收款人：市邮电局

金　额：4 800.00

用　途：书报费

单位主管：赵丽　　会计：赵丽

34.1

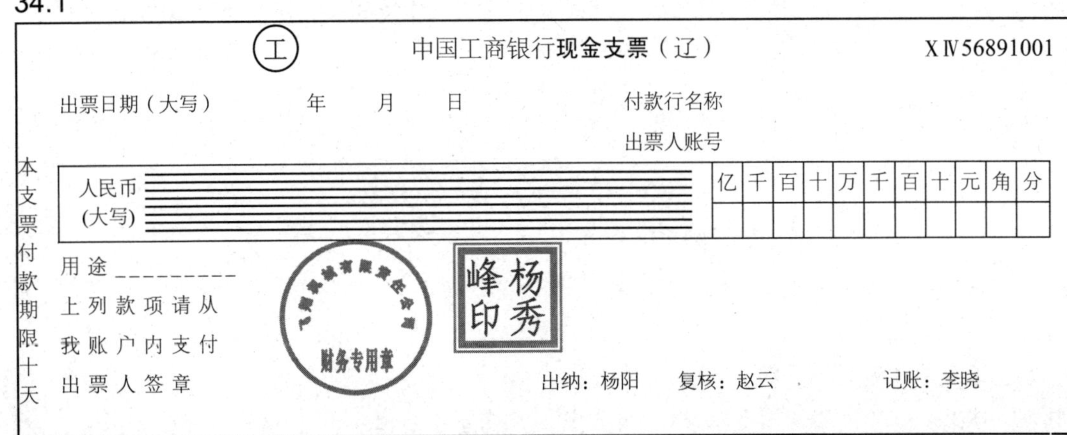

中国工商银行**现金支票**（辽）　　XⅣ56891001

出票日期（大写）　　年　　月　　日　　付款行名称

出票人账号

本支票付款期限十天

人民币（大写）	亿	千	百	十	万	千	百	十	元	角	分

用途 ________

上列款项请从

我账户内支付

出票人签章

杨秀印峰

出纳：杨阳　　复核：赵云　　记账：李晓

34.2

中国工商银行
现金支票存根
X Ⅳ66561234
附加信息

出票日期：2015 年 12 月 10 日
收款人：飞翔机械有限责任公司
金　额：3 000.00
用　途：备用

单位主管：赵丽　　会计：赵丽

35.1

中国工商银行进账单（回单）

2015 年 12 月 10 日

收款人	全　称	飞翔机械有限责任公司	付款人	全　称	黎明机械有限责任公司
	账号或地址	41392259900666		账号或地址	40240126005777
	开户银行	中国工商银行抚顺市支行顺飞路办事处		开户银行	中国工商银行沈阳市皇姑区办事处

人民币（大写）肆万伍仟元整	亿	千	百	十	万	千	百	十	元	角	分
				¥	4	5	0	0	0	0	0

票据种类	转账支票	收款人开户银行盖章：中国工商银行 抚顺支行 15-12-10 转 讫
票据张数	1	
单位主管：赵丽	会计：赵丽	
复　核：赵云	记账：李晓	

35.2

固定资产出售（调拨）单

2015 年 12 月 10 日

资产编号	资产名称	规格型号	计量单位	数量	预计使用年限	已使用年限	原始价值	已计提折旧
	机床	W109	台	1	10 年	10 年	80 000.00	38 400.00

启用时间	停用时间	双方协议价值	调入单位名称	调拨方式	备注
2005 年	2015 年	45 000.00	黎明机械厂	有偿	2005 年购入
（调拨）理由	该机床已不能适应产品生产需要，经公司领导班子研究决定，作价转让给黎明机械有限责任公司。				

调出单位		调入单位	
公章：	（飞翔机械有限责任公司 公章）	公章：	（黎明机械有限责任公司 公章）
财务：		财务：	
经办：		经办：	
会计主管：赵丽	稽核：赵云	制单：刘丽敏	

35.3

抚顺市事业单位统一收据

2015 年 12 月 10 日　　№8745644

交款单位或交款人	飞翔机械有限责任公司	收款方式	现金

人民币（大写）壹仟元整	千	百	十	万	千	百	十	元	角	分
				¥	1	0	0	0	0	0
系　付：拆卸费	备注：									
收款单位（章）现金付讫（财务专用章）	收款人（签章）：									

记账联

36.1

领料单

领用单位：厂部办公室　　2015 年 12 月 10 日　　仓库：材料库　　编号：012905

材料类别	名称及规格	计量单位	数量		实际单位成本	金额	用途
			请领	实领			
周转材料	文件柜	个	2	2	500.00	1 000.00	办公用
合　计			2	2	500.00	1 000.00	

仓库主管：陈青　　发料人：陈青　　领料人：李晓

第二联　会计部门

36.2

领料单

领用单位：财务科　　2015 年 12 月 10 日　　仓库：材料库　　编号：012906

材料类别	名称及规格	计量单位	数量		实际单位成本	金额	用途
			请领	实领			
周转材料	文件柜	个	1	1	500.00	500.00	办公用
合　计			1	1	500.00	500.00	

仓库主管：陈青　　发料人：陈青　　领料人：李晓

第二联　会计部门

36.3

领料单

领用单位：销售机构　　2015 年 12 月 10 日　　仓库：材料库　　编号：012907

材料类别	名称及规格	计量单位	数量		实际单位成本	金额	用途
			请领	实领			
周转材料	文件柜	个	1	1	500.00	500.00	办公用
合　计			1	1	500.00	500.00	

仓库主管：陈青　　发料人：陈青　　领料人：富强

37.1

增值税专用发票

记账联

辽宁

2015 年 12 月 1[illegible]日　　№25428350

购货单位	名　称：大连机床厂 纳税人识别号：411532198459781 地 址、电 话：大连市开发区双 D 港辽河东路 100 号 开户行及账号：中国工商银行大连市开发区办事处				密码区	2489－1<9－7－61596284　加密版本：01 8<032/52>9/29533－4974　43000204521 1626<8－3024>83906－2　00017654 －47－6<7>2*－/>*>6/		
货物或应税名称	规格型号	单位	数量	单价	金额		税率	税额
镗刀		件	100	1 400	140 000.00		17%	23 800.00
涂层圆锯片铣刀		片	100	500	50 000.00		17%	8 500.00
合　计					¥190 000.00			¥32 300.00
价税合计（大写）	贰拾贰万贰仟叁佰元整				（小写）¥222 300.00			
销货单位	名　称：飞翔机械有限责任公司 纳税人识别号：310051064399328 地 址、电 话：抚顺市李石开发区顺飞路 25 号 开户行及账号：中国工商银行抚顺市支行顺飞路办事处				备注			

收款人：杨阳　　复核：赵云　　开票人：富强

第四联　记账联　销货方记账凭证

37.2

中国工商银行进账单（回单）

2015 年 12 月 10 日

收款人	全　　称	飞翔机械有限责任公司	付款人	全　　称	大连机床厂
	账号或地址	41392259900666		账号或地址	41100126005666
	开户银行	中国工商银行抚顺市支行顺飞路办事处		开户银行	中国工商银行大连市开发区办事处

人民币（大写）贰拾贰万贰仟叁佰元整	亿	千	百	十	万	千	百	十	元	角	分
				¥	2	2	2	3	0	0	0

票据种类	转账支票	收款人开户银行盖章：中国工商银行 抚顺支行 15-12-10 转 讫
票据张数	1	
单位主管：赵丽	会计：赵丽	
复　核：赵云	记账：李晓	

37.3

产品出库单

用途：销售　　2015 年 12 月 10 日　　第 084 号

仓库：成品库

类别	编号	名称及规格	计量单位	数量	单位成本	总成本	附注：
产成品	001	镗刀	件	100			
产成品	002	涂层圆锯片铣刀	片	100			
合　　计							

记账联

记账：李晓　　保管：魏强　　检验：王洪　　制单：赵丽

38.1

增值税专用发票

发票联

辽宁

№0028590

2015 年 12 月 1 日

购货单位	名　　称：飞翔机械有限责任公司 纳税人识别号：310051064399328 地 址、电 话：抚顺市李石开发区顺飞路 25 号 开户行及账号：中国工商银行抚顺市支行顺飞路办事处				密码区	2489－1<9－7－61596284　加密版本：01 8<032/52>9/29533－4974　43000204521 1626<8－3024>83906－2　00017654 －47－6<7>2*－/>*>6/		
货物或应税名称	规格型号	单位	数 量	单价	金 额	税率	税　额	
加工费		个	30	100	3 000.00	17%	510.00	
合　　计					¥3 000.00		¥510.00	
价税合计（大写）	叁仟伍佰壹拾元整				（小写）¥3 510.00			
销货单位	名　　称：宏宇木器加工厂 纳税人识别号：310051064366823 地址、电 话：抚顺市新城路 88 号 59798969 开户行及账号：中国工商银行抚顺市新城路办事处				备注	宏宇木器加工厂 发票专用章		

第二联　发票联　购货方记账凭证

收款人：王明强　　复核：周宏伟　　开票人：郑祥林

38.2

中国工商银行
转账支票存根
XⅣ56891013

附加信息

出票日期：2015 年 12 月 11 日
收款人：宏宇木器加工厂
金　额：3 510.00
用　途：加工费

单位主管：赵丽　　会计：赵丽

38.3

收料单

加工单位：宏宇木器加工厂　　№.012005

加工合同：051130　　2015 年 12 月 11 日　　仓库：材料库

材料类别	名称及规格	计量单位	数量		实际成本		计划成本		成本差异
			应收	实收	单位成本	金额	单位成本	金额	
周转材料	包装箱	个	30	30					

第二联 会计部门

质量检验：王洪　　收料：陈青　　制单：李晓

39.1

中国工商银行进账单（回单）

2015 年 12 月 11 日

收款人	全　称	飞翔机械有限责任公司	付款人	全　称	抚顺特钢股份有限公司
	账号或地址	41392259900666		账号或地址	41390126005867
	开户银行	证券公司办事处		开户银行	中国工商银行抚顺市望花区办事处

人民币（大写）叁佰元整	亿	千	百	十	万	千	百	十	元	角	分
						¥	3	0	0	0	0

票据种类	转账支票	收款人开户银行盖章：
票据张数	1	中国工商银行 抚顺支行 15-12-11 转讫
单位主管：赵丽	会计：赵丽	
复　核：赵云	记账：李晓	

40.1

中国工商银行
转账支票存根
XⅣ56891014

附加信息

出票日期：2015 年 12 月 11 日
收款人：辽宁电视台
金　额：1 200.00
用　途：广告费

单位主管：赵丽　　会计：赵丽

40.2

沈阳市事业单位统一收据

2015 年 12 月 11 日　　　　№58187654

交款单位或交款人	飞翔机械有限责任公司	收款方式	转账支票									
人民币（大写）壹仟贰佰元整			千	百	十	万	千	百	十	元	角	分
						¥	1	2	0	0	0	0
系　付：广告费			备注：									
收款单位（章）			收款人（签章）：									

记账联

41.1

商业承兑汇票　　2

贰零壹伍年零壹拾月壹拾壹日　　　　汇票号码；第 011 号

付款人	全　称	沈阳机床厂	收款人	全　称	飞翔机械有限责任公司
	账　号	28019225990666		账　号	41392259900666
	开户银行	中国工商银行沈阳市铁西区办事处		开户银行	中国工商银行抚顺市支行顺飞路办事处
汇票金额		人民币（大写）捌万元整			
汇票到期日		贰零壹陆年零壹月壹拾贰日		票面利率	6%
本汇票已经承兑，到期日无条件支付票款。承兑人盖章　承兑日期 2015 年 10 月 12 日				本汇票请予以承兑到期日付款。出票人盖章	

千	百	十	万	千	百	十	元	角	分
		¥	8	0	0	0	0	0	0

41.2

贴现凭证（收账通知）　　4

申请日期：2015 年 12 月 12 日　　　　第 5 号

贴现汇票	种　类	商业承兑汇票	号码	5	持票人	全　称	飞翔机械有限责任公司
	出票日	2015 年 10 月 12 日				账　号	41392259900666
	到期日	2016 年 1 月 12 日				开户银行	中国工商银行抚顺市顺飞路办事处
汇票承兑人	名称	沈阳机床厂	账号	28019225990666	开户银行		中国工商银行沈阳市铁西区办事处
汇票金额		人民币（大写）捌万元整					
贴现率	4.8%	贴现利息			实付贴现金额		
上述款项已转入你单位账户。银行盖章　2015 年 12 月 11 日					备注：		

汇票金额：

百	十	万	千	百	十	元	角	分
	¥	8	0	0	0	0	0	0

贴现利息：

百	十	万	千	百	十	元	角	分
			¥	3	2	4	8	0

实付贴现金额：

百	十	万	千	百	十	元	角	分
	¥	8	0	8	7	5	2	0

中国工商银行 抚顺支行 15-12-11 转讫

此联银行给贴现申请人的收账通知

42.1

中国工商银行电汇凭证（收款通知）

2015 年 12 月 12 日

汇款人	全　称	北京机床厂	收款人	全　称	飞翔机械有限责任公司
	账　号	1601020450018703		账　号	41392259900666
	汇出地	北京市		汇入地	辽宁省抚顺市
金额	人民币（大写）贰万捌仟伍佰元整				
汇款用途：货款			留行待取预留收款人印鉴		
上列款项已代进账，如有错误，请持此联来面洽。汇入行盖章　2015 年 12 月 12 日			上列款项已照收无误。收款人盖章　2015 年 12 月 12 日		科目（借）　对方科目（贷）　汇入行解汇日期 2015 年 12 月 12 日　复核　记账　出纳

千	百	十	万	千	百	十	元	角	分
		¥	2	8	5	0	0	0	0

中国工商银行 抚顺支行 15-12-12 转讫

42.2

增值税专用发票

记账联

辽宁

2015年12月12日 №0028590

购货单位	名　　称：北京机床厂 纳税人识别号：110105321987692 地 址、电 话：北京市城北路865号 38556688 开户行及账号：中国工商银行北京市城北支行 1601020450018703	密码区	22489−1<9−7−61596284 加密版本：01 8<032/52>9/29533−4974 43000204521 1626<8−3024>83906−2 00017654 −47−6<7>2*−/>*>6/

货物或应税名称	规格型号	单位	数 量	单价	金 额	税率	税　额
涂层圆锯片铣刀		片	100	500	50 000.00	17%	8 500.00
合　　计					¥50 000.00		¥8 500.00
价税合计（大写）	伍万捌仟伍佰元整				（小写）¥58 500.00		

销货单位	名　　称：飞翔机械有限责任公司 纳税人识别号：310051064399328 地 址、电 话：抚顺市李石开发区顺飞路25号 开户行及账号：中国工商银行抚顺市支行顺飞路办事处	备注	飞翔机械有限责任公司 发票专用章

收款人：杨阳　　复核：赵云　　开票人：富强

第四联 记账联 销货方记账凭证

42.3

产品出库单

用途：销售　　2015年12月12日　　第085号

仓库：成品库

类别	编号	名称及规格	计量单位	数量	单位成本	总成本	附注：
产成品	002	涂层圆锯片铣刀	片	100			
合		计		100			

记账：李晓　　保管：魏强　　检验：王洪　　制单：赵丽

记账联

43.1

抚顺市企业单位统一收据

2015年12月13日 №6703521

交款单位或交款人	王立刚	收 款 方 式	现金									
人民币（大写）壹佰元整			千	百	十	万	千	百	十	元	角	分
							¥	1	0	0	0	0
系　付：违章罚款			备注：									
收款单位（章）	现金收讫	飞翔机械有限责任公司 财务专用章	收款人（签章）：杨阳									

记账联

44.1

中国工商银行进账单（回单）

2015年12月13日

收款人	全　称	飞翔机械有限责任公司	付款人	全　称	北京机床厂
	账号或地址	41392259900666		账号或地址	1601020450018703
	开户银行	中国工商银行抚顺市支行顺飞路办事处		开户银行	中国工商银行北京市城北支行

人民币（大写）壹拾叁万玖仟捌佰元整	亿	千	百	十	万	千	百	十	元	角	分
			¥	1	3	9	8	0	0	0	0

票据种类	转账支票	收款人开户银行盖章： 中国工商银行 抚顺支行 15-12-13 转 讫
票据张数	1	
单位主管：赵丽	会计：赵丽	
复　核：赵云	记账：李晓	

45.1

材料出库单

领用单位：供销科　　2015 年 12 月 13 日　　仓库：材料库　　编号：012908

材料类别	名称及规格	计量单位	数量		计划单位成本	金额	用途
			请领	实领			
燃料	原煤	吨	10	10	450.00	4 500.00	销售
合　计			10	10	450.00	4 500.00	
仓库主管：陈青		发料人：陈青				领料人：富强	

第二联　会计部门

45.2

增值税专用发票

记账联

辽宁

2015 年 12 月 13 日　　№25428353

购货单位	名　　称：抚顺铝厂 纳税人识别号：310051064366537 地址、电话：抚顺市望花区和平路东段 58 号 开户行及账号：中国工商银行抚顺市望花区和平路办事处				密码区	22489－1<9－7－61596284 加密版本：01 8<032/52>9/29533－4974　43000204521 1626<8－3024>83906－2　00017654 －47－6<7>2*－/>*>6/		
货物或应税名称	规格型号	单位	数量	单价	金额		税率	税额
原煤		吨	10	500	5 000.00		17%	850.00
合　计					¥5 000.00			¥850.00
价税合计（大写）	伍仟捌佰伍拾元整				（小写）¥5 850.00			
销货单位	名　　称：飞翔机械有限责任公司 纳税人识别号：310051064399328 地址、电话：抚顺市李石开发区顺飞路 25 号 开户行及账号：中国工商银行抚顺市支行顺飞路办事处				备注	飞翔机械有限责任公司 发票专用章		

收款人：杨阳　　复核：赵云　　开票人：富强

第四联　记账联　销货方记账凭证

45.3

中国工商银行进账单（回单）

2015 年 12 月 11 日

收款人	全　　称	飞翔机械有限责任公司	付款人	全　　称	抚顺铝厂
	账号或地址	41392259900666		账号或地址	41390126086845
	开户银行	中国工商银行抚顺市支行顺飞路办事处		开户银行	中国工商银行抚顺市望花区办事处

人民币（大写）伍仟捌佰伍拾元整

亿	千	百	十	万	千	百	十	元	角	分
				¥	5	8	5	0	0	0

票据种类	转账支票	收款人开户银行盖章：
票据张数	1	中国工商银行 抚顺支行 15-12-13 转讫
单位主管：赵丽	会计：赵丽	
复　核：赵云	记账：李晓	

46.1

中国工商银行托收承付凭证（收账通知）4

邮　　委收号码：005438

委托日期：2015 年 12 月 5 日　　承付期限：2015 年 12 月 14 日

付款人	全　称	北京机床厂	收款人	全　称	飞翔机械有限责任公司
	账号或地址	1601020450018703		账号或地址	41392259900666
	开户银行	中国工商银行北京市城北支行		开户银行	中国工商银行抚顺市支行顺飞路办事处

托收金额	人民币（大写）肆拾玖万伍仟伍佰元整	亿	千	百	十	万	千	百	十	元	角	分
				¥	4	9	5	5	0	0	0	0

附　件	商品发运情况	合同名称号码
附寄单证：4 张	铁路	760

备注：	本托收款项已由付款人开户银行全额划回并收入你方账户内。 （中国工商银行 抚顺支行 15-12-14 转 讫） 收款人开户银行签章 12 月 13 日	科目： 对方科目： 转账：2015 年 12 月 14 日 单位主管：赵丽　会计：赵丽 复核：赵云　记账：李晓

付款人开户银行收到日期：2015 年 12 月 13 日　　支付日期：2015 年 12 月 14 日

47.1

增值税专用发票

记账联

（全国统一发票监制章 辽宁 国家税务总局监制）

2015 年 12 月 14 日　　№25428354

购货单位	名　　称：北京机床厂 纳税人识别号：110105321987692 地 址、电 话：北京市城北路 865 号 38556688 开户行及账号：中国工商银行北京市城北支行 1601020450018703	密码区	22489－1<9－7－61596284　加密版本：01 8<032/52>9/29533－4974　43000204521 1626<8－3024>83906－2　00017654 －47－6<7>2*－/>*>6/

货物或应税名称	规格型号	单位	数 量	单价	金 额	税率	税　额
涂层圆锯片铣刀		片	2	500	1 000.00	17%	170.00
合　计					¥1 000.00		¥170.00
价税合计（大写）	伍仟捌佰伍拾元整				（小写）¥1 170.00		

销货单位	名　　称：飞翔机械有限责任公司 纳税人识别号：310051064399328 地 址、电 话：抚顺市李石开发区顺飞路 25 号 开户行及账号：中国工商银行抚顺市支行顺飞路办事处	备注	（飞翔机械有限责任公司 发票专用章）

收款人：杨阳　　复核：赵云　　开票人：富强

第四联 记账联 销货方记账凭证

47.2

中国工商银行电汇凭证（回单）　1

2015 年 12 月 14 日

汇款人	全　称	飞翔机械有限责任公司	收款人	全　称	北京机床厂
	账　号	41392259900666		账　号	1601020450018703
	汇出地	辽宁省抚顺市		汇入地	北京市

金额	人民币（大写）壹仟壹佰柒拾元整	千	百	十	万	千	百	十	元	角	分
					¥	1	1	7	0	0	0

汇款用途：退货款 单位主管：赵丽　会计：李晓　复核：赵云　记账：李晓	汇出行盖章 （中国工商银行抚顺市支行 业务章） 2015 年 12 月 14 日

47.3

产品入库单

第 865 号

交库单位：供销科　　2015 年 12 月 14 日　　仓库：成品库

产品名称	规格与型号	质量等级	单 位	数 量	单位成本	金 额	备 注
涂层圆锯片铣刀			片	2			退货
合 计							
验收：魏强						制单：赵丽	

48.1

领料单

领用单位：加工车间　　2015 年 12 月 15 日　　仓库：材料库　　编号：012909

材料类别	名称及规格	计量单位	数量		计划单位成本	金额	用途
			请领	实领			
原料及主要材料	高碳钢	千克	150	150	300.00	45 000.00	生产镗刀
辅助材料	润滑油	千克	10	10	42.40	424.00	生产镗刀
合 计						45 424.00	

第二联 会计部门

仓库主管：陈青　　发料人：陈青　　领料人：李平

48.2

领料单

领用单位：加工车间　　2015 年 12 月 15 日　　仓库：材料库　　编号：012910

材料类别	名称及规格	计量单位	数量		计划单位成本	金额	用途
			请领	实领			
原料及主要材料	高速钢	千克	190	190	140.00	26 600.00	生产涂层圆锯片铣刀
辅助材料	润滑油	千克	10	10	42.40	424.00	生产涂层圆锯片铣刀
辅助材料	TIC 涂料	千克	130	130	20.00	2 600.00	生产涂层圆锯片铣刀
合 计						29 624.00	

第二联 会计部门

仓库主管：陈青　　发料人：陈青　　领料人：李平

48.3

领料单

领用单位：加工车间　　2015 年 12 月 15 日　　仓库：材料库　　编号：012911

材料类别	名称及规格	计量单位	数量		计划单位成本	金额	用途
			请领	实领			
原料及主要材料	高速钢	千克	10	10	140.00	1 400.00	一般消耗
辅助材料	润滑油	千克	20	20	42.40	848.00	一般消耗
合 计						2 248.00	

第二联 会计部门

仓库主管：陈青　　发料人：陈青　　领料人：李平

48.4

领料单

领用单位：机修车间　　2015 年 12 月 15 日　　仓库：材料库　　编号：012912

材料类别	名称及规格	计量单位	数量		计划单位成本	金额	用途
			请领	实领			
原料及主要材料	高碳钢	千克	5	5	300.00	1 500.00	提供劳务
原料及主要材料	高速钢	千克	10	10	140.00	1 400.00	提供劳务
辅助材料	润滑油	千克	55	55	42.40	2 332.00	提供劳务
合　计						5 232.00	

第二联　会计部门

仓库主管：陈青　　发料人：陈青　　领料人：陈斌

48.5

领料单

领用单位：供汽车间　　2015 年 12 月 15 日　　仓库：材料库　　编号：012913

材料类别	名称及规格	计量单位	数量		计划单位成本	金额	用途
			请领	实领			
燃料	原煤	吨	19	19	450.00	8 550.00	提供劳务
合　计			19	19	450.00	8 550.00	

第二联　会计部门

仓库主管：陈青　　发料人：陈青　　领料人：陈斌

48.6

领料单

领用单位：销售机构　　2015 年 12 月 15 日　　仓库：材料库　　编号：012914

材料类别	名称及规格	计量单位	数量		计划单位成本	金额	用途
			请领	实领			
辅助材料	TIC 涂料	千克	5	5	20.00	100.00	一般消耗
合　计			5	5	20.00	100.00	

第二联　会计部门

仓库主管：陈青　　发料人：陈青　　领料人：富强

48.7

领料单

领用单位：厂部　　2015 年 12 月 15 日　　仓库：材料库　　编号：012915

材料类别	名称及规格	计量单位	数量		计划单位成本	金额	用途
			请领	实领			
原料及主要材料	高碳钢	千克	5	5	300.00	1 500.00	一般消耗
辅助材料	润滑油	千克	5	5	42.40	212.00	一般消耗
合　计						1 712.00	

第二联　会计部门

仓库主管：陈青　　发料人：陈青　　领料人：张凯

49.1

职工薪酬结算汇总表

2015 年 12 月 15 日

部门及人员类别	基本工资	津贴和补贴		加班工资	奖金	扣缺勤工资	应发工资	代扣款项							实发工资
		夜班津贴	副食补贴					医疗保险金	养老保险金	失业保险金	住房公积金	工会经费	个人所得税	小 计	
加工车间	58000	400	5100	3200	10000	400	76300	1526	6104	763	7630	1526	360	17909	58391
生产工人	48000	400	4100	2600	8000	400	62700	1254	5016	627	6270	1254	320	14741	47959
管理人员	10000		1000	600	2000		13600	272	1088	136	1360	272	40	3168	10432
机修车间	23000		2500		6000	60	31440	628.8	2515.2	314.4	3144	628.8	310	7541.2	23898.8
供汽车间	5000	200	500	500	2000		8200	164	656	82	820	164	30	1916	6284
销售机构	16000		1700		4500		22200	444	1776	222	2220	444	80	5186	17014
管理部门	28000	350	2900	900	7000	250	38900	778	3112	389	3890	778	180	9127	29773
合计	130000	950	12700	4600	29500	710	177040	3540.8	14163.2	1770.4	17704	3540.8	960	41679.2	135360.8

49.2

中华人民共和国税收缴款书

经济类型：有限责任　　填制日期：2015 年 12 月 15 日　　征收机关：市地税局

预算科目	款｜税种｜项	增值税：个人所得税	缴款人	全　　称	飞翔机械有限责任公司
	级　　次			账　　号	41392259900666
	收缴金库	市国库		开户银行	中国工商银行抚顺市顺飞路办事处

税款所属时期：2015 年 12 月　　税款限缴日期：2015 年 12 月 30 日

品目名称	课税数量	计税金额或销售收入	税率或单位税额	已缴或扣除额	百	十	万	千	百	十	元	角	分
个人所得税									9	6	0	0	0
合计金额 人民币(大写) 玖佰陆拾元整								¥	9	6	0	0	0

缴款单位（人） 经办人（章）赵云	税务机关 （印章） 填票人（章）	上列款项已收妥并划转收单位账户。 收款银行（印章） 2015 年 12 月 15 日	备注：

中国工商银行 抚顺支行 15-12-15 转讫

抚顺市国家税务局 业务章

第一联 国库收款盖章后退缴款单位作完税凭证

49.3

抚顺市企业单位统一收据

2015 年 12 月 15 日　　№46187670

交款单位或交款人	飞翔机械有限责任公司	收款方式	转账支票									
人民币（大写）壹万柒仟柒佰零肆元整			千	百	十	万	千	百	十	元	角	分
					¥	1	7	7	0	4	0	0
系　付：职工住房公积金			备注：									
收款单位（章）			收款人（签章）：									

财务专用章

记账联

49.4

抚顺市企业单位统一收据

2015 年 12 月 15 日　　№48177689

交款单位或交款人	飞翔机械有限责任公司	收款方式	转账支票									
人民币（大写）壹万玖仟肆佰柒拾肆元肆角整			千	百	十	万	千	百	十	元	角	分
					¥	1	9	4	7	4	4	0
系　付：职工社会保险费			备注：									
收款单位（章）			收款人（签章）：									

财务专用章

记账联

49.5

中国工商银行
转账支票存根
X Ⅳ 56891015

附加信息

出票日期：2015 年 12 月 15 日
收款人：职工
金　额：135 360.80
用　途：工资

单位主管：赵丽　　会计：赵丽

49.6

中国工商银行
转账支票存根
X Ⅳ 56891016

附加信息

出票日期：2015 年 12 月 15 日
收款人：市建行住房公积金管理中心
金　额：17 704.00
用　途：职工住房公积金

单位主管：赵丽　　会计：赵丽

49.7

中国工商银行
转账支票存根
X Ⅳ 56891017

附加信息

出票日期：2015 年 12 月 15 日
收款人：中国人寿保险公司
金　额：19 474.40
用　途：社会保险费

单位主管：赵丽　　会计：赵丽

49.8

中国工商银行
转账支票存根
X Ⅳ 56891018

附加信息

出票日期：2015 年 12 月 15 日
收款人：市地税局
金　额：960.00
用　途：职工个人所得税

单位主管：赵丽　　会计：赵丽

50.1

领料单

领用单位：厂部　　2015 年 12 月 15 日　　仓库：材料库　　编号：012916

材料类别	名称及规格	计量单位	数　量		实际单位成本	金额	用途
			请领	实领			
周转材料	手套	打	2	2	100	200.00	办公用
周转材料	工具	件	1	1	500	500.00	修理用
合　计						700.00	

第二联 会计部门

仓库主管：陈青　　发料人：陈青　　领料人：李晓

50.2

领料单

领用单位：加工车间　　2015 年 12 月 15 日　　仓库：材料库　　编号：012917

材料类别	名称及规格	计量单位	数　量		实际单位成本	金额	用途
			请领	实领			
周转材料	手套	打	5	5	100	500.00	生产用
周转材料	工具	件	8	8	500	4 000.00	生产用
合　计						4 500.00	

第二联 会计部门

仓库主管：陈青　　发料人：陈青　　领料人：李晓

50.3

领料单

领用单位：机修车间　　　　2015 年 12 月 15 日　　　　仓库：材料库　　　　编号：012918

材料类别	名称及规格	计量单位	数量		实际单位成本	金额	用途
			请领	实领			
周转材料	手套	打	3	3	100	300.00	生产用
周转材料	工具	件	3	3	500	1 500.00	生产用
合　计						1 800.00	

第二联 会计部门

仓库主管：陈青　　　　发料人：陈青　　　　领料人：李晓

50.4

领料单

领用单位：供汽车间　　　　2015 年 12 月 15 日　　　　仓库：材料库　　　　编号：012919

材料类别	名称及规格	计量单位	数量		实际单位成本	金额	用途
			请领	实领			
周转材料	手套	打	2	2	100	200.00	生产用
周转材料	工具	件	1	1	500	500.00	生产用
合　计						700.00	

第二联 会计部门

仓库主管：陈青　　　　发料人：陈青　　　　领料人：李晓

50.5

领料单

领用单位：销售机构　　　　2015 年 12 月 15 日　　　　仓库：材料库　　　　编号：012920

材料类别	名称及规格	计量单位	数量		实际单位成本	金额	用途
			请领	实领			
周转材料	手套	打	2	2	100	200.00	办公用
周转材料	工具	件	1	1	500	500.00	修理用
合　计						700.00	

第二联 会计部门

仓库主管：陈青　　　　发料人：陈青　　　　领料人：李晓

51.1

产品入库单

第 866 号

交库单位：加工车间　　　　2015 年 12 月 15 日　　　　仓库：成品库

产品名称	规格与型号	质量等级	单　位	数　量	单位成本	金　额	备　注
镗刀		优	件	140			
涂层圆锯片铣刀		优	片	370			
合　计							
验收：魏强						制单：赵丽	

52.1

固定资产报废申请书

2015 年 12 月 16 日

设备名称	C620 车床	预计使用年限	10 年	已使用年限	9 年
设备编号	A010	原值（元）	50 000	已提折旧（元）	45 000
使用部门	生产车间	折余价值（元）	5 000	预计残值（元）	1 000
报废原因	不需用	技术部门意见	机器设备陈旧，影响产品质量，建议报废。 武力		
报废处理建议： 送废品公司回收。		设备管理部门意见： 同意报废。 张凯			
企业领导意见： 同意。 杨秀峰		报废日期： 2015 年 12 月 16 日			

经办部门：行政科　　　　经办人：孙莉

52.2

抚顺市废品收购凭单

№.1111112

收购单位：开发区废品收购站　　　　2015 年 12 月 16 日

收购货物名称	计量单位	数量	单价	金额								
				百	十	万	千	百	十	元	角	分
废钢铁	千克	100	10				1	0	0	0	0	0
合计金额（大写）壹仟元整						¥	1	0	0	0	0	0

收购企业（盖章有效）　　　　开票人：刘美

52.3

中国工商银行进账单（回单）

2015 年 12 月 16 日

收款人	全　称	飞翔机械有限责任公司	付款人	全　称	开发区废品收购站
	账号或地址	41392259900666		账号或地址	41133866007453
	开户银行	中国工商银行抚顺市支行顺飞路办事处		开户银行	中国工商银行抚顺市支行顺飞路办事处

人民币（大写）壹仟元整	亿	千	百	十	万	千	百	十	元	角	分
					¥	[illegible]	0	0	0	0	0

票据种类	转账支票	收款人开户银行盖章：中国工商银行 抚顺支行 15-12-16 转讫
票据张数	1	
单位主管：赵丽　　会计：赵丽		
复　核：赵云　　记账：李晓		

52.4

抚顺市企业单位统一收据

2015 年 12 月 16 日　　　　№57785412

交款单位或交款人	飞翔机械有限责任公司	收款方式	转账支票									
人民币（人写）伍佰元整			千	百	十	万	千	百	十	元	角	分
							¥	5	0	0	0	0
系　付：搬运费			备注：									

记账联

收款单位（章）　　　　收款人（签章）：

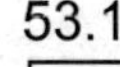

52.5

中国工商银行
转账支票存根
X Ⅳ56891019

附加信息

出票日期：2015年12月16日
收款人：阳光搬家公司
金　额：500.00
用　途：搬运费

单位主管：赵丽　　会计：赵丽

53.1

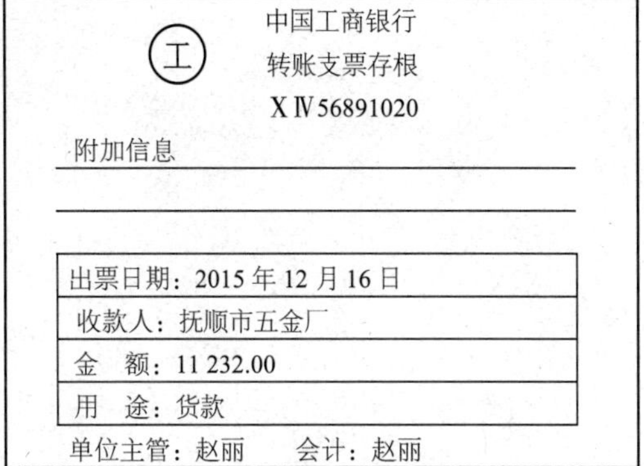

中国工商银行
转账支票存根
X Ⅳ56891020

附加信息

出票日期：2015年12月16日
收款人：抚顺市五金厂
金　额：11 232.00
用　途：货款

单位主管：赵丽　　会计：赵丽

53.2

增值税专用发票

发票联

辽宁

№0025673

2015年12月16日

购货单位	名　　称：飞翔机械有限责任公司 纳税人识别号：310051064399328 地 址、电 话：抚顺市李石开发区顺飞路25号 开户行及账号：中国工商银行抚顺市支行顺飞路办事处					密码区	2489−1<9−7−61596284　加密版本：01 8<032/52>9/29533−4974 43000204521 1626<8−3024>83906−2　00017654 −47−6<7>2*−/>*>6/		
货物或应税名称		规格型号	单位	数量	单价		金额	税率	税额
专用工具			件	20	480		9 600.00	17%	1 632.00
合　计							¥9 600.00		¥1 632.00
价税合计（大写）	壹万壹仟贰佰叁拾贰元整						（小写）¥11 232.00		
销货单位	名　　称：抚顺市五金厂 纳税人识别号：310051065378741 地址、电 话：抚顺市东三路78号 57998568 开户行及账号：中国工商银行抚顺市东三路办事处					备注	抚顺市五金厂 发票专用章		

第二联　发票联　购货方记账凭证

收款人：李强　　复核：王大力　　开票人：苏武

53.3

收料单

供应单位：抚顺市五金厂　　№.012006

发票号码：00585　　2015年12月16日　　仓库：材料库

材料类别	名称及规格	计量单位	数量		实际成本		计划成本		成本差异
			应收	实收	单位成本	金额	单位成本	金额	
周转材料	工具	件	20	20	480	9 600			

第二联　会计部门

质量检验：王洪　　收料：陈青　　制单：李晓

54.1

抚顺市企业单位统一收据

2015年12月16日　　№5306687

交款单位或交款人	飞翔机械有限责任公司	收款方式	转账支票									
人民币（大写）叁万陆仟元整			千	百	十	万	千	百	十	元	角	分
					¥	3	6	0	0	0	0	0
系　付：保险费			备注：									

记账联

财务专用章

收款单位（章）　　收款人（签章）：

54.2

中国工商银行
转账支票存根
X Ⅳ56891021

附加信息

出票日期：2015年12月16日
收款人：平安保险股份有限公司
金　额：36 000.00
用　途：保险费

单位主管：赵丽　　会计：赵丽

55.1

中国工商银行
转账支票存根
X Ⅳ56891022

附加信息

出票日期：2015年12月17日
收款人：阜新市中兴煤矿有限公司
金　额：24 900.00
用　途：货款

单位主管：赵丽　　会计：赵丽

55.2

阜新市联运公司

发票联

单位名称：飞翔机械有限责任公司　　2015年12月17日　　№：22256

货物名称	计费重量	费用项目	单价	金额									
				千	百	十	万	千	百	十	元	角	分
原煤	50吨	商品运输费	3					1	5	0	0	0	0
合　计							¥	1	5	0	0	0	0
	人民币（大写）壹仟伍佰元整												

复核：　　制单：刘丰　　盖章：

55.3

增值税专用发票

发票联

辽宁

2015年12月17日　　№2325687

购货单位	名　　称：飞翔机械有限责任公司 纳税人识别号：310051064399328 地址、电话：抚顺市李石开发区顺飞路25号 开户行及账号：中国工商银行抚顺市支行顺飞路办事处	密码区	2489－1<9－7－61596284　加密版本：01 8<032/52>9/29533－4974 43000204521 1626<8－3024>83906－2　00017654 －47－6<7>2*－/>*>6/

货物或应税名称	规格型号	单位	数量	单价	金额	税率	税额
原煤		吨	50	400	20 000.00	17%	3 400.00
合　计					¥20 000.00		¥3 400.00
价税合计（大写）	贰万叁仟肆佰元整				（小写）¥23 400.00		

销货单位	名　　称：阜新市中兴煤矿有限公司 纳税人识别号：350192244477765 地址、电话：辽宁省阜新蒙古族自治县东梁镇转角庙8号 开户行及账号：中国工商银行东梁镇办事处3501922444777	备注	

收款人：姚莉　　复核：金林英　　开票人：王宏

第二联　发票联　购货方记账凭证

55.4

收料单

供应单位：阜新市中兴煤矿有限公司　　　　　　№.012007　第二联 会计部门

发票号码：00763　　　　2015 年 12 月 17 日　　　　仓库：材料库

材料类别	名称及规格	计量单位	数量		实际成本		计划成本		成本差异
			应收	实收	单位成本	金额	单位成本	金额	
燃料	原煤	吨	50	50	430	21 500	450	22 500	1 000

质量检验：王洪　　　　收料：陈青　　　　制单：李晓

56.1

收料单

供应单位：鞍山钢铁公司　　　　　　№.012008　第二联 会计部门

发票号码：00766　　　　2015 年 12 月 17 日　　　　仓库：材料库

材料类别	名称及规格	计量单位	数量		实际成本		计划成本		成本差异
			应收	实收	单位成本	金额	单位成本	金额	
原料及主要材料	高速钢	千克	5	5	136	680	140	700	20

质量检验：王洪　　　　收料：陈青　　　　制单：李晓

57.1

中国工商银行电汇凭证（收款通知）

2015 年 12 月 17 日

汇款人	全　称	鞍山市联运公司	收款人	全　称	飞翔机械有限责任公司
	账　号	1041120450014796		账　号	41392259900666
	汇出地	辽宁省鞍山市		汇入地	辽宁省抚顺市

金额	人民币（大写）柒佰玖拾元零伍角整	百	十	万	千	百	十	元	角	分
					¥	7	9	0	5	0

汇款用途：赔款	留行待取预留 收款人印鉴

上列款项已代进账，如有错误，请持此联来面洽。 汇入行盖章 2015 年 12 月 17 日	上列款项已照收无误。 收款人盖章 2015 年 12 月 17 日	科目（借） 对方科目（贷） 汇入行解汇日期 2015 年 12 月 17 日 复核　记账　出纳

58.1

抚顺市联运公司

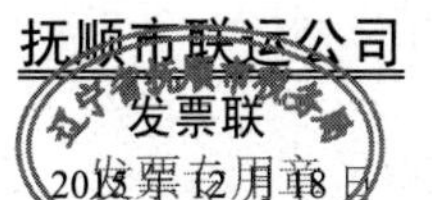

发票联

单位名称：大连机床厂　　　　2015 年 12 月 18 日　　　　№：05300

货物名称	计费重量	费用项目	单价	千	百	十	万	千	百	十	元	角	分
镗刀	300 件	商品运输费	4					1	2	0	0	0	0
合　计							¥	1	2	0	0	0	0
	人民币（大写）壹仟贰佰元整												

复核：　　　　制单：张娟　　　　盖章：

58.2

中国工商银行
转账支票存根
XⅣ56891023

附加信息

出票日期：2015 年 12 月 18 日
收款人：抚顺市联运公司
金　额：1 200.00
用　途：运费

单位主管：赵丽　　会计：赵丽

58.3

增值税专用发票

记账联

№25428354

2015 年 12 月 18 日

购货单位	名　　称：大连机床厂 纳税人识别号：411532198459781 地 址、电 话：大连市开发区双 D 港辽河东路 100 号 开户行及账号：中国工商银行大连市开发区办事处				密码区	2489－1<9－7－61596284　加密版本：01 8<032/52>9/29533－4974 43000204521 1626<8－3024>83906－2　00017654 －47－6<7>2*－/>*>6/		
货物或应税名称	规格型号	单位	数 量	单价	金 额		税率	税　额
镗刀		件	300	1 400	420 000.00		17%	71 400.00
合　计					¥420 000.00			¥71 400.00
价税合计（大写）	肆拾玖万壹仟肆佰元整				（小写）¥491 400.00			
销货单位	名　　称：飞翔机械有限责任公司 纳税人识别号：310051064399328 地 址、电 话：抚顺市李石开发区顺飞路 25 号 开户行及账号：中国工商银行抚顺市支行顺飞路办事处				备注			

收款人：杨阳　　复核：赵云　　开票人：富强

第四联　记账联　销货方记账凭证

58.4

邮

中国工商银行托收承付凭证（回单） 1　　委收号码：005439

委托日期：2015 年 12 月 18 日　　承付期限：2015 年 12 月 28 日

付款人	全　称	大连机床厂	收款人	全　称	飞翔机械有限责任公司
	账号或地址	41100126005666		账号或地址	41392259900666
	开户银行	中国工商银行大连市开发区办事处		开户银行	中国工商银行抚顺市支行顺飞路办事处

托收金额	人民币（大写）肆拾玖万贰仟陆佰元整	亿	千	百	十	万	千	百	十	元	角	分
				¥	4	9	2	6	0	0	0	0

附　件	商品发运情况	合同名称号码
附寄单证：4 张	铁路	761

备注：	款项收妥日期 2015 年 12 月 18 日	收款人开户银行签章 2015 年 12 月 18 日

单位主管：赵丽　　会计：赵丽　　复核：赵云　　记账：李晓

58.5

产品出库单

用途：销售　　　　2015年12月18日　　　　第086号

仓库：成品库

类别	编号	名称及规格	计量单位	数量	单位成本	总成本	附注：
产成品	001	镗刀	件	300			
合　　计				300			

记账联

记账：李晓　　保管：魏强　　检验：王洪　　制单：赵丽

59.1

中国工商银行进账单（回单）

2015年12月19日

收款人	全　称	飞翔机械有限责任公司	付款人	全　称	大连机床厂
	账号或地址	41392259900666		账号或地址	41100126005666
	开户银行	中国工商银行抚顺市支行顺飞路办事处		开户银行	中国工商银行大连市开发区办事处

人民币（大写）捌万元整	亿	千	百	十	万	千	百	十	元	角	分
				¥	8	0	0	0	0	0	0

票据种类	转账支票	收款人开户银行盖章：
票据张数	1	

单位主管：赵丽　　会计：赵丽

复　核：赵云　　记账：李晓

中国工商银行 抚顺支行 15-12-19 转讫

60.1

增值税专用发票

发票联

辽宁

2015年12月□日

№4055635

购货单位	名　称：飞翔机械有限责任公司 纳税人识别号：310051064399328 地 址、电 话：抚顺市李石开发区顺飞路25号 开户行及账号：中国工商银行抚顺市支行顺飞路办事处	密码区	2489－1<9－7－61596284 加密版本：01 8<032/52>9/29533－4974 43000204521 1626<8－3024>83906－2 00017654 －47－6<7>2*－/>*>6/

货物或应税名称	规格型号	单位	数量	单价	金额	税率	税额
木材		立方米	20	650	13 000.00	17%	2 210.00
合　计					¥13 000.00		¥2 210.00
价税合计（大写）	壹万伍仟贰佰壹拾元整				（小写）¥15 210.00		

销货单位	名　称：抚顺市木材公司 纳税人识别号：310051063703088 地址、电 话：辽宁省抚顺市望花区和平路46号 开户行及账号：中国工商银行望花区办事处41392259954376	备注	抚顺市木材公司 发票专用章

第二联 发票联 购货方记账凭证

收款人：宋秀丽　　复核：陈锡德　　开票人：丁毅

60.2

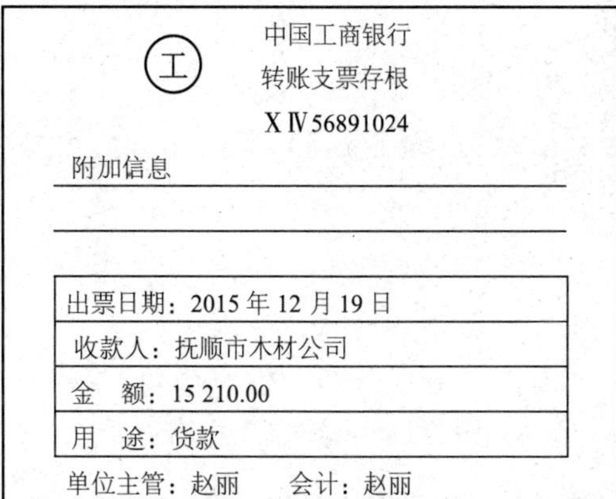

中国工商银行
转账支票存根
XⅣ56891024

附加信息

出票日期：2015年12月19日
收款人：抚顺市木材公司
金　额：15 210.00
用　途：货款
单位主管：赵丽　　会计：赵丽

60.3

收料单

供应单位：抚顺市木材公司　　№.012009

发票号码：00886　　2015年12月19日　　仓库：材料库

材料类别	名称及规格	计量单位	数量		实际成本		计划成本		成本差异
			应收	实收	单位成本	金额	单位成本	金额	
包装材料	木材	立方米	20	20	650	13 000	600	12 000	1 000

第二联　会计部门

质量检验：王洪　　收料：陈青　　制单：李晓

61.1

增值税专用发票

发票联

天津

2015年12月2[illegible]日　　№6225892

<table>
<tr><td rowspan="4">购货单位</td><td colspan="4">名　称：飞翔机械有限责任公司</td><td rowspan="4">密码区</td><td colspan="3">2489−1<9−7−61596284　加密版本：01</td></tr>
<tr><td colspan="4">纳税人识别号：310051064399328</td><td colspan="3">8<032/52>9/29533−4974 43000204521</td></tr>
<tr><td colspan="4">地 址、电 话：抚顺市李石开发区顺飞路25号</td><td colspan="3">1626<8−3024>83906−2　00017654</td></tr>
<tr><td colspan="4">开户行及账号：中国工商银行抚顺市支行顺飞路办事处</td><td colspan="3">−47−6<7>2*−/>*>6/</td></tr>
<tr><td>货物或应税名称</td><td>规格型号</td><td>单位</td><td>数量</td><td colspan="2">单价</td><td>金额</td><td>税率</td><td>税额</td></tr>
<tr><td>TIC涂料</td><td></td><td>千克</td><td>200</td><td colspan="2">25</td><td>5 000.00</td><td>17%</td><td>850.00</td></tr>
<tr><td></td><td></td><td></td><td></td><td colspan="2"></td><td></td><td></td><td></td></tr>
<tr><td>合　计</td><td></td><td></td><td></td><td colspan="2"></td><td>¥5 000.00</td><td></td><td>¥850.00</td></tr>
<tr><td>价税合计（大写）</td><td colspan="5">伍仟捌佰伍拾元整</td><td colspan="3">（小写）¥5 850.00</td></tr>
<tr><td rowspan="4">销货单位</td><td colspan="4">名　称：天津化工厂</td><td rowspan="4">备注</td><td colspan="3" rowspan="4"></td></tr>
<tr><td colspan="4">纳税人识别号：120105321564387</td></tr>
<tr><td colspan="4">地址、电 话：天津汉沽区新开南路22号</td></tr>
<tr><td colspan="4">开户行及账号：中国工商银行天津新开路办事处 17010204506548</td></tr>
</table>

收款人：金秀英　　复核：张华　　开票人：钱程

第二联　发票联　购货方记账凭证

61.2

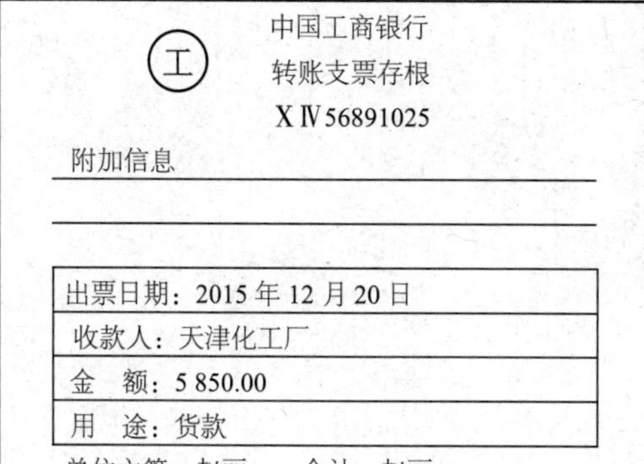

中国工商银行
转账支票存根
X Ⅳ 56891025

附加信息

出票日期：2015 年 12 月 20 日
收款人：天津化工厂
金　额：5 850.00
用　途：货款

单位主管：赵丽　　会计：赵丽

61.3

收料单

供应单位：天津化工厂　　　　　　　　№.012010

发票号码：10843　　　　2015 年 12 月 20 日　　　　仓库：材料库

材料类别	名称及规格	计量单位	数量		实际成本		计划成本		成本差异
			应收	实收	单位成本	金额	单位成本	金额	
辅助材料	TIC 涂料	千克	200	200	25	5 000	20	4 000	1 000

第二联 会计部门

质量检验：王洪　　　　收料：陈青　　　　制单：李晓

62.1

增值税专用发票

发票联

（印章：全国统一发票监制章 辽宁）

2015 年 12 月 [illegible] 日　　　　№4675314

购货单位	名称：飞翔机械有限责任公司 纳税人识别号：310051064399328 地址、电话：抚顺市李石开发区顺飞路 25 号 开户行及账号：中国工商银行抚顺市支行顺飞路办事处			密码区	2489－1<9－7－61596284　加密版本：01 8<032/52>9/29533－4974 43000204521 1626<8－3024>83906－2　00017654 －47－6<7>2*－/>*>6/		
货物或应税名称	规格型号	单位	数量	单价	金额	税率	税额
自来水		吨	12 000	1.5	18 000.00	13%	2 340.00
合　计					¥18 000.00		¥2 340.00
价税合计（大写）	贰万零叁佰肆拾元整				（小写）¥20 340.00		
销货单位	名称：抚顺市自来水公司 纳税人识别号：411305321664337 地址、电话：抚顺市新抚区东三路 66 号 开户行及账号：中国工商银行抚顺市东三路办事处 41140204509863			备注	（印章：抚顺市自来水公司 发票专用章）		

收款人：张秋　　复核：徐丽　　开票人：成功

第二联 发票联 购货方记账凭证

62.2

中国工商银行委托收款凭证（付款通知）5

(邮)　　委收号码：1004362

委托日期：2015 年 12 月 22 日　　付款日期：2015 年 12 月 22 日

付款人	全　称	飞翔机械有限责任公司	收款人	全　称	抚顺市自来水公司
	账号或地址	41392259900666		账号或地址	41140204509863
	开户银行	中国工商银行抚顺市支行顺飞路办事处		开户银行	中国工商银行抚顺市东三路办事处

托收金额	亿	千	百	十	万	千	百	十	元	角	分
人民币（大写）贰万零叁佰肆拾元整				¥	2	0	3	4	0	0	0

款项内容	水费	委托收款凭据名称	发票	附寄单证　张	

付款人注意：

1.应于检票的当日通知开户银行付款。

2.如需拒付，应在规定期限内，将拒付理由书附债务证明退交开户银行。

（印章：中国工商银行 抚顺支行 15-12-22 转 讫）

单位主管：赵丽　　会计：赵丽　　复核：赵云　　记账：李晓　　收款人开户银行签章：2015 年 12 月 22 日

63.1

增值税专用发票

发票联

辽宁

2015 年 12 月 22 日

№3575098

购货单位	名　　称：飞翔机械有限责任公司 纳税人识别号：310051064399328 地 址、电 话：抚顺市李石开发区顺飞路 25 号 开户行及账号：中国工商银行抚顺市支行顺飞路办事处	密码区	2489－1<9－7－61596284　加密版本：01 8<032/52>9/29533－4974 43000204521 1626<8－3024>83906－2　00017654 －47－6<7>2*－/>*>6/

货物或应税名称	规格型号	单位	数量	单价	金额	税率	税额
电		度	20000	0.5	10 000.00	17%	1 700.00
合　计					¥10 000.00		¥1 700.00
价税合计（大写）	壹万壹仟柒佰元整				（小写）¥11 700.00		

销货单位	名　　称：抚顺市供电局 纳税人识别号：411305325326558 地址、电 话：抚顺市新抚区西三街 43 号 开户行及账号：中国工商银行抚顺市西三街办事处 41140204642895	备注	（印章：抚顺市供电局 发票专用章）

收款人：许华　　复核：满意　　开票人：连联

第二联　发票联　购货方记账凭证

63.2

中国工商银行委托收款凭证（付款通知）5

(邮)　　委收号码：3004746

委托日期：2015 年 12 月 22 日　　付款日期：2015 年 12 月 22 日

付款人	全　称	飞翔机械有限责任公司	收款人	全　称	抚顺市供电局
	账号或地址	41392259900666		账号或地址	41140204642895
	开户银行	中国工商银行抚顺市支行顺飞路办事处		开户银行	中国工商银行抚顺市西三街办事处

托收金额	亿	千	百	十	万	千	百	十	元	角	分
人民币（大写）壹万壹仟柒佰元整				¥	1	1	7	0	0	0	0

款项内容	电费	委托收款凭据名称	发票	附寄单证　张	

付款人注意：

1.应于检票的当日通知开户银行付款。

2.如需拒付，应在规定期限内，将拒付理由书附债务证明腿脚开户银行。

（印章：中国工商银行 抚顺支行 15-12-22 转 讫）

单位主管：赵丽　　会计：赵丽　　复核：赵云　　记账：李晓　　收款人开户银行签章：2015 年 12 月 22 日

64.1

增值税专用发票

发票联
天津
2015 年 12 月 23 日

№6225901

购货单位	名　　称：飞翔机械有限责任公司 纳税人识别号：310051064399328 地 址、电 话：抚顺市李石开发区顺飞路 25 号 开户行及账号：中国工商银行抚顺市支行顺飞路办事处	密码区	2489－1<9－7－61596284　加密版本：01 8<032/52>9/29533－4974 43000204521 1626<8－3024>83906－2　00017654 －47－6<7>2*－/>*>6/

货物或应税名称	规格型号	单位	数 量	单价	金 额	税率	税　额
润滑油		千克	300	40	12 000.00	17%	2 040.00
合　　计					¥12 000.00		¥2 040.00
价税合计（大写）	壹万肆仟零肆拾元整				（小写）¥14 040.00		

销货单位	名　　称：天津化工厂 纳税人识别号：120105321564387 地址、电 话：天津汉沽区新开南路 22 号 开户行及账号：中国工商银行天津新开路办事处 17010204506548	备注	天津市化工厂 发票专用章

收款人：金秀英　　复核：张华　　开票人：钱程

第二联　发票联　购货方记账凭证

64.2

商业承兑汇票　　3

贰零壹伍年拾贰月贰拾叁日　　汇票号码：第 015 号

付款人	全　称	天津化工厂	收款人	全　称	飞翔机械有限责任公司
	账　号	17010204506548		账　号	41392259900666
	开户银行	中国工商银行天津新开路办事处		开户银行	中国工商银行抚顺市支行顺飞路办事处

汇票金额	人民币（大写）壹万肆仟叁佰肆拾元整	千	百	十	万	千	百	十	元	角	分
				¥	1	4	3	4	0	0	0

汇票到期日	贰零壹陆年零贰月贰拾叁日	票面利率	5%
备注		本汇票请予以承兑到期日付款。 出票人盖章	飞翔机械有限责任公司 财务专用章

64.3

天津市联运公司

发票联
发票专用章

单位名称：飞翔机械有限责任公司　　2015 年 12 月 23 日　　№：15624

货物名称	计费重量	费用项目	单价	千	百	十	万	千	百	十	元	角	分
润滑油	300 千克	商品运输费	1						3	0	0	0	0
合　计								¥	3	0	0	0	0
	人民币（大写）叁佰元整												

复核：　　制单：李丽　　盖章：天津市联运公司 发票专用章

64.4

收料单

供应单位：天津化工厂 №.012011

发票号码：10860 2015年12月23日 仓库：材料库

材料类别	名称及规格	计量单位	数量		实际成本		计划成本		成本差异
			应收	实收	单位成本	金额	单位成本	金额	
辅助材料	润滑油	千克	300	300	41	12 300	42.4	12 720	420

第二联 会计部门

质量检验：王洪 收料：陈青 制单：李晓

65.1

邮 中国工商银行委托收款凭证（付款通知）5 委收号码：2334573

委托日期：2015年12月25日 付款日期：2015年12月25日

付款人		收款人	
全称	飞翔机械有限责任公司	全称	抚顺移动通讯公司
账号或地址	41392259900666	账号或地址	41140204509863
开户银行	中国工商银行抚顺市顺飞路办事处	开户银行	中国工商银行抚顺市东三路办事处

托收金额	人民币（大写）陆仟捌佰元整	亿	千	百	十	万	千	百	十	元	角	分
						¥	6	8	0	0	0	0

款项内容	通讯费	委托收款凭据名称	话费账单	附寄单证张	

付款人注意：
1.应于检票的当日通知开户银行付款。
2.如需拒付，应在规定期限内，将拒付理由书附债务证明腿脚开户银行。

（中国工商银行 抚顺支行 15-12-25 转讫）

单位主管：赵丽 会计：赵丽 复核：赵云 记账：李晓 收款人开户银行签章：2015年12月25日

65.2

抚顺市企业单位统一收据

2015年15月25日 №7806543

交款单位或交款人	飞翔机械有限责任公司	收款方式	转账支票

人民币（大写）陆仟捌佰元整	千	百	十	万	千	百	十	元	角	分
				¥	6	8	0	0	0	0

系 付：通信费 备注：

（抚顺移动通讯公司 财务专用章）

收款单位（章） 收款人（签章）：

66.1

增值税专用发票

记账联

№25428355

2015 年 12 月 25 日

购货单位	名　　称：北京机床厂 纳税人识别号：110105321987692 地 址、电 话：北京市城北路 865 号 38556688 开户行及账号：中国工商银行北京市城北支行 1601020450018703				密码区	2489－1＜9－7－61596284　加密版本：01 8＜032/52＞9/29533－4974 43000204521 1626＜8－3024＞83906－2　00017654 －47－6＜7＞2*－/＞*＞6/		
货物或应税名称	规格型号	单位	数 量	单价	金　额	税率	税　额	
涂层圆锯片铣刀		片	53	500	26 500.00	17%	4 505.00	
合　　计					¥26 500.00		¥4 505.00	
价税合计（大写）	叁万壹仟零伍元整				（小写）¥31 005.00			
销货单位	名　　称：飞翔机械有限责任公司 纳税人识别号：310051064399328 地 址、电 话：抚顺市李石开发区顺飞路 25 号 开户行及账号：中国工商银行抚顺市支行顺飞路办事处				备注			

收款人：杨阳　　复核：赵云　　开票人：富强

第四联　记账联　销货方记账凭证

66.2

邮

中国工商银行托收承付凭证（回单）1

委收号码：005440

委托日期：2015 年 12 月 25 日　　承付期限：2016 年 1 月 5 日

付款人	全　称	北京机床厂	收款人	全　称	飞翔机械有限责任公司
	账号或地址	1601020450018703		账号或地址	41392259900666
	开户银行	中国工商银行北京市城北支行		开户银行	中国工商银行抚顺市顺飞路办事处

托收金额	人民币（大写）叁万壹仟零伍元整	亿	千	百	十	万	千	百	十	元	角	分
					¥	3	1	0	0	5	0	0

附　件	商品发运情况	合同名称号码
附寄单证：4 张	铁路	762
备注：	款项收妥日期 2015 年 12 月 25 日	收款人开户银行签章：2015 年 12 月 25 日

单位主管：赵丽　　会计：赵丽　　复核：赵云　　记账：李晓

66.3

产品出库单

用途：销售　　2015 年 12 月 25 日　　第 087 号

仓库：成品库

类别	编号	名称及规格	计量单位	数量	单位成本	总成本	附注：
产成品	002	涂层圆锯片铣刀	片	53			
合　　计				53			

记账联

记账：李晓　　保管：魏强　　检验：王洪　　制单：赵丽

67.1

财产物资盘点报告单

类别：存货　　　　2015 年 12 月 28 日

名称	规格	单位	单价	账面数		盘点数		盘　盈		盘　亏		备注
				数量	金额	数量	金额	数量	金额	数量	金额	
TIC 涂料		千克	20	565	11 300	515	10 300			50	1 000	增值税 174.82 元
包装箱		个	295	60	17 700	59	17 405			1	295	增值税 50.15 元
合　计					29 000		27 705				1 295	

原因分析： 待查	审批意见： 先作待处理。

单位盖章：　　　　财务负责人：赵丽　　　　制表：李晓

68.1

财产物资盘点报告单

类别：存货　　　　2015 年 12 月 29 日

名称	规格	单位	单价	账面数		盘点数		盘　盈		盘　亏		备注
				数量	金额	数量	金额	数量	金额	数量	金额	
TIC 涂料		千克	20	565	11 300	515	10 300			50	1 000	
包装箱		个	295	60	17 700	59	17 405			1	295	
合　计					29 000		27 705				1 295	

原因分析： 1.TIC 涂料盘亏 10 千克属超定额自然损耗；40 千克属陈青保管不善。 2.包装箱盘亏原因无法查明。	审批意见： 1.自然损耗由企业承担，保管不善应由陈青赔偿。 2.报企业损失处理。 杨秀峰 2015 年 12 月 29 日

单位盖章：　　　　财务负责人：赵丽　　　　制表：李晓

69.1

产品入库单

第 867 号

交库单位：加工车间　　　　2015 年 12 月 30 日　　　　仓库：成品库

产品名称	规格与型号	质量等级	单　位	数　量	单位成本	金　额	备　注
镗刀		优	件	160			
涂层圆锯片铣刀		优	片	380			
合　计							
验收：魏强							制单：赵丽

70.1

应收票据利息计算表

2015 年 12 月 31 日

<table>
<tr><td>票据种类</td><td>商业承兑汇票</td><td>票面金额</td><td colspan="10">¥117 600.00</td></tr>
<tr><td>计息时间</td><td>27 天</td><td>票面利率</td><td colspan="10">5%</td></tr>
<tr><td rowspan="2">应得利息</td><td rowspan="2" colspan="2">人民币（大写）肆佰肆拾壹元整</td><td>千</td><td>百</td><td>十</td><td>万</td><td>千</td><td>百</td><td>十</td><td>元</td><td>角</td><td>分</td></tr>
<tr><td></td><td></td><td></td><td></td><td>¥</td><td>4</td><td>4</td><td>1</td><td>0</td><td>0</td></tr>
<tr><td>复核：赵云</td><td colspan="12">制表：李晓</td></tr>
</table>

71.1

中国工商银行流动资金还款凭证（回单）

2015 年 12 月 31 日

付款人	名　称	飞翔机械有限责任公司	收款人	名　称	抚顺市工商银行顺城支行
	往来户账号	41392259900666		放款户账号	28019225999888
	开户银行	中国工商银行抚顺市支行顺飞路办事处		开户银行	中国工商银行抚顺市顺飞路办事处
计划还款日期		2007 年 12 月 31 日	还款次序		第 1 次还款

借款金额	人民币（大写）陆万元整	亿	千	百	十	万	千	百	十	元	角	分
					¥	6	0	0	0	0	0	0
还款内容	三个月短期借款											

备注：

上述借款已从你单位往来账户内转还。

此致

借款单位

银行盖章　2015 年 12 月 31 日

（中国工商银行 抚顺支行 15-12-31 转讫）

71.2

中国工商银行计收利息清单

2015 年 12 月 31 日

单位名称	飞翔机械有限责任公司	账　号	41392259900666
贷款金额	60 000 元	计息起讫日期	2015 年 10 月 1 日至 12 月 31 日
计息总积数	180 000 元	利率（月）	5‰

利息金额	人民币（大写）玖佰元整	千	百	十	万	千	百	十	元	角	分
						¥	9	0	0	0	0

你单位上述应偿借款利息已从你单位账户划出。

此致

借款单位　　（银行盖章）　　复核：　　记账：

（中国工商银行 抚顺支行 15-12-31 转讫）

72.1

应付职工薪酬分配表

2015 年 12 月 31 日

部　门	账　户	产品、劳务	定额工时	分配率	职工薪酬分配额
加工车间	基本生产成本	镗刀			
		涂层圆锯片铣刀			
	制造费用				
辅助生产车间	辅助生产成本	机修车间			
		供汽车间			
销售机构	销售费用				
管理部门	管理费用				
合　计					

72.2

五险一金计提表

2015 年 12 月 31 日

部门	账户	产品、劳务	医疗保险费	养老保险费	失业保险费	工伤保险费	生育保险费	住房公积金
加工车间	基本生产成本	镗刀						
		涂层圆锯片铣刀						
	制造费用							
辅助生产车间	辅助生产成本	机修车间						
		供汽车间						
销售机构	销售费用							
管理部门	管理费用							
合计								

73.1

工会经费和职工教育经费计提表

2015 年 12 月 31 日

部门	账户	产品、劳务	工会经费			职工教育经费		
			计提标准	2%	提取额	计提标准	1.5%	提取额
加工车间	基本生产成本	镗刀						
		涂层圆锯片铣刀						
	制造费用							
辅助生产车间	辅助生产成本	机修车间						
		供汽车间						
销售机构	销售费用							
管理部门	管理费用							
合计								

73.2

(工)

中国工商银行

转账支票存根

XⅣ56891026

附加信息

出票日期：2015 年 12 月 31 日

收款人：工会

金　额：

用　途：工会经费

单位主管：赵丽　　会计：赵丽

74.1

无形资产摊销表

2015 年 12 月 31 日　　单位：元

账户	项目	摊销额
累计摊销	专利权	600.00
合计		600.00

75.1

固定资产折旧计提表

2015 年 12 月 31 日

部　门	固定资产名称	月初应计折旧固定资产原值	月折旧率	月折旧额
基本生产车间	房屋建筑物			
	机器设备			
	小　计			
机修车间	房屋建筑物			
	机器设备			
	小　计			
供汽车间	房屋建筑物			
	机器设备			
	小　计			
销售机构	房屋建筑物			
厂部管理机构	房屋建筑物			
	机器设备			
	小　计			
合　计				

76.1

沈阳市事业单位统一收据

2015 年 12 月 31 日　　№7806543

交款单位或交款人	飞翔机械有限责任公司	收款方式	转账支票									
人民币（大写）叁仟贰佰元整			千	百	十	万	千	百	十	元	角	分
						¥	3	2	0	0	0	0
系　付：展销费			备注：									

记账联

收款单位（章）　　收款人（签章）：

（印章：沈阳市工业展览馆 财务专用章）

76.2

中国工商银行
转账支票存根
XⅣ56891027

附加信息

出票日期：2015 年 12 月 31 日
收款人：沈阳市工业展览馆
金　额：3 200.00
用　途：产品展销费

单位主管：赵丽　　会计：赵丽

77.1

收料凭证汇总表

2015年12月31日

项　　目	名　　称	计量单位	收入数量	实际成本	计划成本	成本差异
原料及主要材料	高碳钢	千克				
	高速钢	千克				
	小　计					
燃　　料	原煤	吨				
辅助材料	TIC涂料	千克				
	润滑油	千克				
	小　计					
包装材料	木材	立方米				
合　　计						

78.1

本月原材料成本差异率计算表

2015年12月31日

项　　目	计量单位	月初加本月入库材料成本差异	月初加本月入库材料计划成本	本月材料成本差异率
原料及主要材料	千克			
燃　　料	吨			
辅助材料	千克			
包装材料	立方米			
合　　计				

79.1

发料凭证汇总表

2015年12月31日

用途 \ 材料		原料及主要材料		辅助材料		燃料	包装材料	合　计
		高碳钢	高速钢	TIC涂料	润滑油	原煤	木材	
镗刀	数　量							
	计划单价							
	计划成本							
	成本差异							
	实际成本							
涂层圆锯片铣刀	数　量							
	计划单价							
	计划成本							
	成本差异							
	实际成本							
加工车间	数　量							
	计划单价							
	计划成本							
	成本差异							
	实际成本							
机修车间	数　量							
	计划单价							
	计划成本							
	成本差异							
	实际成本							
供汽车间	数　量							
	计划单价							
	计划成本							
	成本差异							
	实际成本							
销售机构	数　量							
	计划单价							
	计划成本							
	成本差异							
	实际成本							
厂部管理部门	数　量							
	计划单价							
	计划成本							
	成本差异							
	实际成本							
盘亏	数　量							
	计划单价							
	计划成本							
	成本差异							
	实际成本							
合　计								

80.1

长期待摊费用摊销表

2015 年 12 月 31 日

部　门	管理部门房屋维修费	财产保险费	合　计
管理部门	1 875.00	2 910.00	4 785.00
合　　计	1 875.00	2 910.00	4 785.00

81.1

本月水费、电费耗用明细表

2015 年 12 月 31 日

部门	水费			电费		
	数量	单价	金额	数量	单价	金额
加工车间	9 000	1.5	13 500	15 000	0.5	7 500
机修车间	2 000	1.5	3 000	2 000	0.5	1 000
供汽车间	500	1.5	750	1 000	0.5	500
销售机构	200	1.5	300	500	0.5	250
厂　　部	300	1.5	450	1 500	0.5	750
合　　计	12 000	1.5	18 000	20 000	0.5	10 000

82.1

辅助生产费用分配表

2015 年 12 月 31 日

部门	机修车间			供汽车间		
	分配标准	分配率	分配额	分配标准	分配率	分配额
加工车间						
销售机构						
厂　　部						
合　　计						

83.1

制造费用分配表

2015 年 12 月 31 日

产品	制造费用		
	分配标准（生产工时）	分配率	分配额
镗刀			
涂层圆锯片铣刀			
合计			

84.1

成本计算单

产品名称：镗刀　　2015 年 12 月 31 日

项　目	直接材料	直接人工	制造费用	合　计
月初在产品成本				
本月发生费用				
身缠费用合计				
约当产量单位成本				
完工产品成本				
月末在产品成本				

84.2

成本计算单

产品名称：涂层圆锯片铣刀　　　　2015 年 12 月 31 日

项　目	直接材料	直接人工	制造费用	合　计
月初在产品成本				
本月发生费用				
身缠费用合计				
约当产量单位成本				
完工产品成本				
月末在产品成本				

84.3

完工产品成本汇总表

2015 年 12 月 31 日

成本项目	镗刀		涂层圆锯片铣刀	
	总成本	单位成本	总成本	单位成本
直接材料				
直接人工				
制造费用				
合　　计				

84.4

产品入库单汇总表

交库单位：加工车间　　　　2015 年 12 月 31 日

产材料名称称	型号规格	单位	交付数量	检查结果		实收数量	备注	②会计部门
				合格	不合格			
镗刀		件						
涂层圆锯片铣刀		片						

车间送库（盖章）孙莉　　　　检验（盖章）李威　　　　仓库验收（盖章）魏强

85.1

产品销售成本计算单

2015 年 12 月 31 日

产品名称	销售数量	计量单位	加权平均单价	销售成本
镗刀		件		
涂层圆锯片铣刀		片		
合　计				

86.1

坏账准备计算表

2015 年 12 月 31 日

项　　　目		行次	金　额
应收账款期末余额		1	
提取比例		2	
期末应有“坏账准备”贷方余额		3	
“坏账准备”账户现有余额	借方	4	
	贷方	5	
期末应提坏账准备		6	
期末应冲坏账准备		7	

87.1

交易性金融资产成本与公允价值比较表

2015 年 12 月 31 日

种类	成本价	公允价值	变动损益
抚顺特钢股份		9 200.00	
合计		9 200.00	

88.1

借款利息计算表

单位：元

2015 年 12 月 31 日

借款种类	预提月份	计提金额
短期借款	2015 年 12 月	500.00
长期借款	2015 年 12 月	5 000.00
合计		5 500.00

89.1

增值税及附加税费的计提表

2015 年 12 月 31 日

应交增值税	销项税额	进项税额转出	进项税额	已交税金	应交税金	转出未交（或多交）增值税
应交城市维护建设税						
应交教育费附加						
备注：应交城市维护建设税和应交教育费附加分别按应交增值税额的 7%和 3%计算确定。						
财务盖章		复核：赵云		经办：赵丽		

90.1

损益类账户发生额汇总表

2015 年 12 月

收益类账户	本月发生额	支出类账户	本月发生额

91.1

应交所得税计算表

2015 年度

全年利润总额	应调整数	全年应纳税所得额	所得税税率	应交所得税额
财务盖章	复核：赵云	经办：赵丽		

92.1

利润分配表

2015 年度

项　目	金　额	分配率	分配额
上年未分配利润			
本年净利润			
可供分配利润			
提取法定盈余公积			
提取任意盈余公积			
可供股东分配利润			
向投资者分配利润			

93.1

本年利润和利润分配结转表

2015 年度

账　户	金　额
本年利润	
利润分配——提取法定盈余公积	
利润分配——提取任意盈余公积	
利润分配——应付股利	
利润分配——未分配利润	

附录三 实训用通用记账凭证

通用记账凭证

年　月　日　　　　　　　　　　凭证编号_____

摘要	会计科目		借方金额										记账符号	贷方金额										记账符号
	总账科目	明细科目	千	百	十	万	千	百	十	元	角	分		千	百	十	万	千	百	十	元	角	分	
附单据 张	合计																							

会计主管　　　记账　　　稽核　　　制单　　　出纳　　　交领款人

通用记账凭证

年　月　日　　　　　　　　　　凭证编号_____

摘要	会计科目		借方金额										记账符号	贷方金额										记账符号
	总账科目	明细科目	千	百	十	万	千	百	十	元	角	分		千	百	十	万	千	百	十	元	角	分	
附单据 张	合计																							

会计主管　　　记账　　　稽核　　　制单　　　出纳　　　交领款人

通用记账凭证

年　月　日　　　　　　　　　　凭证编号_____

摘要	会计科目		借方金额										记账符号	贷方金额										记账符号
	总账科目	明细科目	千	百	十	万	千	百	十	元	角	分		千	百	十	万	千	百	十	元	角	分	
附单据 张	合计																							

会计主管　　　记账　　　稽核　　　制单　　　出纳　　　交领款人

通用记账凭证

年　月　日　　　　凭证编号_____

摘要	会计科目		借方金额										记账符号	贷方金额										记账符号
	总账科目	明细科目	千	百	十	万	千	百	十	元	角	分		千	百	十	万	千	百	十	元	角	分	
附单据　张	合　计																							

会计主管　　记账　　稽核　　制单　　出纳　　交领款人

通用记账凭证

年　月　日　　　　凭证编号_____

摘要	会计科目		借方金额										记账符号	贷方金额										记账符号
	总账科目	明细科目	千	百	十	万	千	百	十	元	角	分		千	百	十	万	千	百	十	元	角	分	
附单据　张	合　计																							

会计主管　　记账　　稽核　　制单　　出纳　　交领款人

通用记账凭证

年　月　日　　　　凭证编号_____

摘要	会计科目		借方金额										记账符号	贷方金额										记账符号
	总账科目	明细科目	千	百	十	万	千	百	十	元	角	分		千	百	十	万	千	百	十	元	角	分	
附单据　张	合　计																							

会计主管　　记账　　稽核　　制单　　出纳　　交领款人

通用记账凭证

年　月　日　　　　凭证编号_____

摘要	会计科目		借方金额										记账符号	贷方金额										记账符号
	总账科目	明细科目	千	百	十	万	千	百	十	元	角	分		千	百	十	万	千	百	十	元	角	分	
附单据　张	合　计																							

会计主管　　记账　　稽核　　制单　　出纳　　交领款人

通用记账凭证

年　月　日　　　　　　凭证编号_____

摘要	会计科目		借方金额										记账符号	贷方金额										记账符号
	总账科目	明细科目	千	百	十	万	千	百	十	元	角	分		千	百	十	万	千	百	十	元	角	分	
附单据　张	合　计																							

会计主管　记账　稽核　制单　出纳　交领款人

通用记账凭证

年　月　日　　　　　　凭证编号_____

摘要	会计科目		借方金额										记账符号	贷方金额										记账符号
	总账科目	明细科目	千	百	十	万	千	百	十	元	角	分		千	百	十	万	千	百	十	元	角	分	
附单据　张	合　计																							

会计主管　记账　稽核　制单　出纳　交领款人

通用记账凭证

年　月　日　　　　　　凭证编号_____

摘要	会计科目		借方金额										记账符号	贷方金额										记账符号
	总账科目	明细科目	千	百	十	万	千	百	十	元	角	分		千	百	十	万	千	百	十	元	角	分	
附单据　张	合　计																							

会计主管　记账　稽核　制单　出纳　交领款人

通用记账凭证

年　月　日　　　　　　凭证编号_____

摘要	会计科目		借方金额										记账符号	贷方金额										记账符号
	总账科目	明细科目	千	百	十	万	千	百	十	元	角	分		千	百	十	万	千	百	十	元	角	分	
附单据　张	合　计																							

会计主管　记账　稽核　制单　出纳　交领款人

通用记账凭证

年　月　日　　　　凭证编号____

摘　要	会计科目		借方金额										记账	贷方金额										记账
	总账科目	明细科目	千	百	十	万	千	百	十	元	角	分	符号	千	百	十	万	千	百	十	元	角	分	符号
附单据　张	合　计																							

会计主管　　记账　　稽核　　制单　　出纳　　交领款人

通用记账凭证

年　月　日　　　　凭证编号____

摘　要	会计科目		借方金额										记账	贷方金额										记账
	总账科目	明细科目	千	百	十	万	千	百	十	元	角	分	符号	千	百	十	万	千	百	十	元	角	分	符号
附单据　张	合　计																							

会计主管　　记账　　稽核　　制单　　出纳　　交领款人

通用记账凭证

年　月　日　　　　凭证编号____

摘　要	会计科目		借方金额										记账	贷方金额										记账
	总账科目	明细科目	千	百	十	万	千	百	十	元	角	分	符号	千	百	十	万	千	百	十	元	角	分	符号
附单据　张	合　计																							

会计主管　　记账　　稽核　　制单　　出纳　　交领款人

通用记账凭证

年　月　日　　　　凭证编号____

摘　要	会计科目		借方金额										记账	贷方金额										记账
	总账科目	明细科目	千	百	十	万	千	百	十	元	角	分	符号	千	百	十	万	千	百	十	元	角	分	符号
附单据　张	合　计																							

会计主管　　记账　　稽核　　制单　　出纳　　交领款人

通用记账凭证

年 月 日 凭证编号_____

摘要	会计科目		借方金额										记账符号	贷方金额										记账符号
	总账科目	明细科目	千	百	十	万	千	百	十	元	角	分		千	百	十	万	千	百	十	元	角	分	
附单据 张	合计																							

会计主管 记账 稽核 制单 出纳 交领款人

通用记账凭证

年 月 日 凭证编号_____

摘要	会计科目		借方金额										记账符号	贷方金额										记账符号
	总账科目	明细科目	千	百	十	万	千	百	十	元	角	分		千	百	十	万	千	百	十	元	角	分	
附单据 张	合计																							

会计主管 记账 稽核 制单 出纳 交领款人

通用记账凭证

年 月 日 凭证编号_____

摘要	会计科目		借方金额										记账符号	贷方金额										记账符号
	总账科目	明细科目	千	百	十	万	千	百	十	元	角	分		千	百	十	万	千	百	十	元	角	分	
附单据 张	合计																							

会计主管 记账 稽核 制单 出纳 交领款人

通用记账凭证

年 月 日 凭证编号_____

摘要	会计科目		借方金额										记账符号	贷方金额										记账符号
	总账科目	明细科目	千	百	十	万	千	百	十	元	角	分		千	百	十	万	千	百	十	元	角	分	
附单据 张	合计																							

会计主管 记账 稽核 制单 出纳 交领款人

通用记账凭证

年　月　日　　　　凭证编号_____

摘　要	会计科目		借方金额										记账符号	贷方金额										记账符号
	总账科目	明细科目	千	百	十	万	千	百	十	元	角	分		千	百	十	万	千	百	十	元	角	分	
附单据　张	合　计																							

会计主管　　记账　　稽核　　制单　　出纳　　交领款人

通用记账凭证

年　月　日　　　　凭证编号_____

摘　要	会计科目		借方金额										记账符号	贷方金额										记账符号
	总账科目	明细科目	千	百	十	万	千	百	十	元	角	分		千	百	十	万	千	百	十	元	角	分	
附单据　张	合　计																							

会计主管　　记账　　稽核　　制单　　出纳　　交领款人

通用记账凭证

年　月　日　　　　凭证编号_____

摘　要	会计科目		借方金额										记账符号	贷方金额										记账符号
	总账科目	明细科目	千	百	十	万	千	百	十	元	角	分		千	百	十	万	千	百	十	元	角	分	
附单据　张	合　计																							

会计主管　　记账　　稽核　　制单　　出纳　　交领款人

通用记账凭证

年　月　日　　　　凭证编号_____

摘　要	会计科目		借方金额										记账符号	贷方金额										记账符号
	总账科目	明细科目	千	百	十	万	千	百	十	元	角	分		千	百	十	万	千	百	十	元	角	分	
附单据　张	合　计																							

会计主管　　记账　　稽核　　制单　　出纳　　交领款人

通用记账凭证

年　月　日　　　　凭证编号_____

摘　要	会计科目		借方金额										记账符号	贷方金额										记账符号
	总账科目	明细科目	千	百	十	万	千	百	十	元	角	分		千	百	十	万	千	百	十	元	角	分	
附单据　张	合　计																							

会计主管　　记账　　稽核　　制单　　出纳　　交领款人

通用记账凭证

年　月　日　　　　凭证编号_____

摘　要	会计科目		借方金额										记账符号	贷方金额										记账符号
	总账科目	明细科目	千	百	十	万	千	百	十	元	角	分		千	百	十	万	千	百	十	元	角	分	
附单据　张	合　计																							

会计主管　　记账　　稽核　　制单　　出纳　　交领款人

通用记账凭证

年　月　日　　　　凭证编号_____

摘　要	会计科目		借方金额										记账符号	贷方金额										记账符号
	总账科目	明细科目	千	百	十	万	千	百	十	元	角	分		千	百	十	万	千	百	十	元	角	分	
附单据　张	合　计																							

会计主管　　记账　　稽核　　制单　　出纳　　交领款人

通用记账凭证

年　月　日　　　　凭证编号_____

摘　要	会计科目		借方金额										记账符号	贷方金额										记账符号
	总账科目	明细科目	千	百	十	万	千	百	十	元	角	分		千	百	十	万	千	百	十	元	角	分	
附单据　张	合　计																							

会计主管　　记账　　稽核　　制单　　出纳　　交领款人

通用记账凭证

年　月　日　　　　凭证编号____

摘要	会计科目		借方金额										记账符号	贷方金额										记账符号
	总账科目	明细科目	千	百	十	万	千	百	十	元	角	分		千	百	十	万	千	百	十	元	角	分	
附单据　张	合计																							

会计主管　　记账　　稽核　　制单　　出纳　　交领款人

通用记账凭证

年　月　日　　　　凭证编号____

摘要	会计科目		借方金额										记账符号	贷方金额										记账符号
	总账科目	明细科目	千	百	十	万	千	百	十	元	角	分		千	百	十	万	千	百	十	元	角	分	
附单据　张	合计																							

会计主管　　记账　　稽核　　制单　　出纳　　交领款人

通用记账凭证

年　月　日　　　　凭证编号____

摘要	会计科目		借方金额										记账符号	贷方金额										记账符号
	总账科目	明细科目	千	百	十	万	千	百	十	元	角	分		千	百	十	万	千	百	十	元	角	分	
附单据　张	合计																							

会计主管　　记账　　稽核　　制单　　出纳　　交领款人

通用记账凭证

年　月　日　　　　凭证编号____

摘要	会计科目		借方金额										记账符号	贷方金额										记账符号
	总账科目	明细科目	千	百	十	万	千	百	十	元	角	分		千	百	十	万	千	百	十	元	角	分	
附单据　张	合计																							

会计主管　　记账　　稽核　　制单　　出纳　　交领款人

通用记账凭证

年　月　日　　　　凭证编号_____

摘要	会计科目		借方金额										记账符号	贷方金额										记账符号
	总账科目	明细科目	千	百	十	万	千	百	十	元	角	分		千	百	十	万	千	百	十	元	角	分	
附单据　张	合　计																							

会计主管　　记账　　稽核　　制单　　出纳　　交领款人

通用记账凭证

年　月　日　　　　凭证编号_____

摘要	会计科目		借方金额										记账符号	贷方金额										记账符号
	总账科目	明细科目	千	百	十	万	千	百	十	元	角	分		千	百	十	万	千	百	十	元	角	分	
附单据　张	合　计																							

会计主管　　记账　　稽核　　制单　　出纳　　交领款人

通用记账凭证

年　月　日　　　　凭证编号_____

摘要	会计科目		借方金额										记账符号	贷方金额										记账符号
	总账科目	明细科目	千	百	十	万	千	百	十	元	角	分		千	百	十	万	千	百	十	元	角	分	
附单据　张	合　计																							

会计主管　　记账　　稽核　　制单　　出纳　　交领款人

通用记账凭证

年　月　日　　　　凭证编号_____

摘要	会计科目		借方金额										记账符号	贷方金额										记账符号
	总账科目	明细科目	千	百	十	万	千	百	十	元	角	分		千	百	十	万	千	百	十	元	角	分	
附单据　张	合　计																							

会计主管　　记账　　稽核　　制单　　出纳　　交领款人

通用记账凭证

年　月　日　　　　凭证编号____

摘要	会计科目		借方金额										记账符号	贷方金额										记账符号
	总账科目	明细科目	千	百	十	万	千	百	十	元	角	分		千	百	十	万	千	百	十	元	角	分	
附单据　张	合　计																							

会计主管　记账　稽核　制单　出纳　交领款人

通用记账凭证

年　月　日　　　　凭证编号____

摘要	会计科目		借方金额										记账符号	贷方金额										记账符号
	总账科目	明细科目	千	百	十	万	千	百	十	元	角	分		千	百	十	万	千	百	十	元	角	分	
附单据　张	合　计																							

会计主管　记账　稽核　制单　出纳　交领款人

通用记账凭证

年　月　日　　　　凭证编号____

摘要	会计科目		借方金额										记账符号	贷方金额										记账符号
	总账科目	明细科目	千	百	十	万	千	百	十	元	角	分		千	百	十	万	千	百	十	元	角	分	
附单据　张	合　计																							

会计主管　记账　稽核　制单　出纳　交领款人

通用记账凭证

年　月　日　　　　凭证编号____

摘要	会计科目		借方金额										记账符号	贷方金额										记账符号
	总账科目	明细科目	千	百	十	万	千	百	十	元	角	分		千	百	十	万	千	百	十	元	角	分	
附单据　张	合　计																							

会计主管　记账　稽核　制单　出纳　交领款人

通用记账凭证

年 月 日　　　　凭证编号_____

摘要	会计科目		借方金额										记账符号	贷方金额										记账符号
	总账科目	明细科目	千	百	十	万	千	百	十	元	角	分		千	百	十	万	千	百	十	元	角	分	
附单据 张	合计																							

会计主管　　记账　　稽核　　制单　　出纳　　交领款人

通用记账凭证

年 月 日　　　　凭证编号_____

摘要	会计科目		借方金额										记账符号	贷方金额										记账符号
	总账科目	明细科目	千	百	十	万	千	百	十	元	角	分		千	百	十	万	千	百	十	元	角	分	
附单据 张	合计																							

会计主管　　记账　　稽核　　制单　　出纳　　交领款人

通用记账凭证

年 月 日　　　　凭证编号_____

摘要	会计科目		借方金额										记账符号	贷方金额										记账符号
	总账科目	明细科目	千	百	十	万	千	百	十	元	角	分		千	百	十	万	千	百	十	元	角	分	
附单据 张	合计																							

会计主管　　记账　　稽核　　制单　　出纳　　交领款人

通用记账凭证

年 月 日　　　　凭证编号_____

摘要	会计科目		借方金额										记账符号	贷方金额										记账符号
	总账科目	明细科目	千	百	十	万	千	百	十	元	角	分		千	百	十	万	千	百	十	元	角	分	
附单据 张	合计																							

会计主管　　记账　　稽核　　制单　　出纳　　交领款人

通用记账凭证

年　月　日　　　　凭证编号_____

摘 要	会计科目		借方金额										记账符号	贷方金额										记账符号
	总账科目	明细科目	千	百	十	万	千	百	十	元	角	分		千	百	十	万	千	百	十	元	角	分	
附单据 张	合 计																							

会计主管　　记账　　稽核　　制单　　出纳　　交领款人

通用记账凭证

年　月　日　　　　凭证编号_____

摘 要	会计科目		借方金额										记账符号	贷方金额										记账符号
	总账科目	明细科目	千	百	十	万	千	百	十	元	角	分		千	百	十	万	千	百	十	元	角	分	
附单据 张	合 计																							

会计主管　　记账　　稽核　　制单　　出纳　　交领款人

通用记账凭证

年　月　日　　　　凭证编号_____

摘 要	会计科目		借方金额										记账符号	贷方金额										记账符号
	总账科目	明细科目	千	百	十	万	千	百	十	元	角	分		千	百	十	万	千	百	十	元	角	分	
附单据 张	合 计																							

会计主管　　记账　　稽核　　制单　　出纳　　交领款人

通用记账凭证

年　月　日　　　　凭证编号_____

摘 要	会计科目		借方金额										记账符号	贷方金额										记账符号
	总账科目	明细科目	千	百	十	万	千	百	十	元	角	分		千	百	十	万	千	百	十	元	角	分	
附单据 张	合 计																							

会计主管　　记账　　稽核　　制单　　出纳　　交领款人

通用记账凭证

年　月　日　　　　凭证编号____

摘要	会计科目		借方金额										记账符号	贷方金额										记账符号
	总账科目	明细科目	千	百	十	万	千	百	十	元	角	分		千	百	十	万	千	百	十	元	角	分	
附单据　张	合　计																							

会计主管　记账　稽核　制单　出纳　交领款人

通用记账凭证

年　月　日　　　　凭证编号____

摘要	会计科目		借方金额										记账符号	贷方金额										记账符号
	总账科目	明细科目	千	百	十	万	千	百	十	元	角	分		千	百	十	万	千	百	十	元	角	分	
附单据　张	合　计																							

会计主管　记账　稽核　制单　出纳　交领款人

通用记账凭证

年　月　日　　　　凭证编号____

摘要	会计科目		借方金额										记账符号	贷方金额										记账符号
	总账科目	明细科目	千	百	十	万	千	百	十	元	角	分		千	百	十	万	千	百	十	元	角	分	
附单据　张	合　计																							

会计主管　记账　稽核　制单　出纳　交领款人

通用记账凭证

年　月　日　　　　凭证编号____

摘要	会计科目		借方金额										记账符号	贷方金额										记账符号
	总账科目	明细科目	千	百	十	万	千	百	十	元	角	分		千	百	十	万	千	百	十	元	角	分	
附单据　张	合　计																							

会计主管　记账　稽核　制单　出纳　交领款人

通用记账凭证

年　月　日　　　　凭证编号____

摘要	会计科目		借方金额										记账符号	贷方金额										记账符号
	总账科目	明细科目	千	百	十	万	千	百	十	元	角	分		千	百	十	万	千	百	十	元	角	分	
附单据　张	合　计																							

会计主管　记账　稽核　制单　出纳　交领款人

通用记账凭证

年　月　日　　　　凭证编号____

摘要	会计科目		借方金额										记账符号	贷方金额										记账符号
	总账科目	明细科目	千	百	十	万	千	百	十	元	角	分		千	百	十	万	千	百	十	元	角	分	
附单据　张	合　计																							

会计主管　记账　稽核　制单　出纳　交领款人

通用记账凭证

年　月　日　　　　凭证编号____

摘要	会计科目		借方金额										记账符号	贷方金额										记账符号
	总账科目	明细科目	千	百	十	万	千	百	十	元	角	分		千	百	十	万	千	百	十	元	角	分	
附单据　张	合　计																							

会计主管　记账　稽核　制单　出纳　交领款人

通用记账凭证

年　月　日　　　　凭证编号____

摘要	会计科目		借方金额										记账符号	贷方金额										记账符号
	总账科目	明细科目	千	百	十	万	千	百	十	元	角	分		千	百	十	万	千	百	十	元	角	分	
附单据　张	合　计																							

会计主管　记账　稽核　制单　出纳　交领款人

通用记账凭证

年 月 日 凭证编号____

摘要	会计科目		借方金额										记账符号	贷方金额										记账符号
	总账科目	明细科目	千	百	十	万	千	百	十	元	角	分		千	百	十	万	千	百	十	元	角	分	
附单据 张	合计																							

会计主管 记账 稽核 制单 出纳 交领款人

通用记账凭证

年 月 日 凭证编号____

摘要	会计科目		借方金额										记账符号	贷方金额										记账符号
	总账科目	明细科目	千	百	十	万	千	百	十	元	角	分		千	百	十	万	千	百	十	元	角	分	
附单据 张	合计																							

会计主管 记账 稽核 制单 出纳 交领款人

通用记账凭证

年 月 日 凭证编号____

摘要	会计科目		借方金额										记账符号	贷方金额										记账符号
	总账科目	明细科目	千	百	十	万	千	百	十	元	角	分		千	百	十	万	千	百	十	元	角	分	
附单据 张	合计																							

会计主管 记账 稽核 制单 出纳 交领款人

通用记账凭证

年 月 日 凭证编号____

摘要	会计科目		借方金额										记账符号	贷方金额										记账符号
	总账科目	明细科目	千	百	十	万	千	百	十	元	角	分		千	百	十	万	千	百	十	元	角	分	
附单据 张	合计																							

会计主管 记账 稽核 制单 出纳 交领款人

通用记账凭证

年　月　日　　　　凭证编号____

摘要	会计科目		借方金额										记账	贷方金额										记账
	总账科目	明细科目	千	百	十	万	千	百	十	元	角	分	符号	千	百	十	万	千	百	十	元	角	分	符号
附单据　张	合　计																							

会计主管　　记账　　稽核　　制单　　出纳　　交领款人

通用记账凭证

年　月　日　　　　凭证编号____

摘要	会计科目		借方金额										记账	贷方金额										记账
	总账科目	明细科目	千	百	十	万	千	百	十	元	角	分	符号	千	百	十	万	千	百	十	元	角	分	符号
附单据　张	合　计																							

会计主管　　记账　　稽核　　制单　　出纳　　交领款人

通用记账凭证

年　月　日　　　　凭证编号____

摘要	会计科目		借方金额										记账	贷方金额										记账
	总账科目	明细科目	千	百	十	万	千	百	十	元	角	分	符号	千	百	十	万	千	百	十	元	角	分	符号
附单据　张	合　计																							

会计主管　　记账　　稽核　　制单　　出纳　　交领款人

通用记账凭证

年　月　日　　　　凭证编号____

摘要	会计科目		借方金额										记账	贷方金额										记账
	总账科目	明细科目	千	百	十	万	千	百	十	元	角	分	符号	千	百	十	万	千	百	十	元	角	分	符号
附单据　张	合　计																							

会计主管　　记账　　稽核　　制单　　出纳　　交领款人

通用记账凭证

年　月　日　　　　　　　　凭证编号_____

摘　要	会计科目		借方金额										记账符号	贷方金额										记账符号
	总账科目	明细科目	千	百	十	万	千	百	十	元	角	分		千	百	十	万	千	百	十	元	角	分	
附单据　张	合　计																							

会计主管　　记账　　稽核　　制单　　出纳　　交领款人

通用记账凭证

年　月　日　　　　　　　　凭证编号_____

摘　要	会计科目		借方金额										记账符号	贷方金额										记账符号
	总账科目	明细科目	千	百	十	万	千	百	十	元	角	分		千	百	十	万	千	百	十	元	角	分	
附单据　张	合　计																							

会计主管　　记账　　稽核　　制单　　出纳　　交领款人

通用记账凭证

年　月　日　　　　　　　　凭证编号_____

摘　要	会计科目		借方金额										记账符号	贷方金额										记账符号
	总账科目	明细科目	千	百	十	万	千	百	十	元	角	分		千	百	十	万	千	百	十	元	角	分	
附单据　张	合　计																							

会计主管　　记账　　稽核　　制单　　出纳　　交领款人

通用记账凭证

年　月　日　　　　　　　　凭证编号_____

摘　要	会计科目		借方金额										记账符号	贷方金额										记账符号
	总账科目	明细科目	千	百	十	万	千	百	十	元	角	分		千	百	十	万	千	百	十	元	角	分	
附单据　张	合　计																							

会计主管　　记账　　稽核　　制单　　出纳　　交领款人

通用记账凭证

年　月　日　　　　　　　　　　　　　　　凭证编号____

摘要	会计科目		借方金额										记账符号	贷方金额										记账符号
	总账科目	明细科目	千	百	十	万	千	百	十	元	角	分		千	百	十	万	千	百	十	元	角	分	
附单据　张	合　计																							

会计主管　　记账　　稽核　　制单　　出纳　　交领款人

通用记账凭证

年　月　日　　　　　　　　　　　　　　　凭证编号____

摘要	会计科目		借方金额										记账符号	贷方金额										记账符号
	总账科目	明细科目	千	百	十	万	千	百	十	元	角	分		千	百	十	万	千	百	十	元	角	分	
附单据　张	合　计																							

会计主管　　记账　　稽核　　制单　　出纳　　交领款人

通用记账凭证

年　月　日　　　　　　　　　　　　　　　凭证编号____

摘要	会计科目		借方金额										记账符号	贷方金额										记账符号
	总账科目	明细科目	千	百	十	万	千	百	十	元	角	分		千	百	十	万	千	百	十	元	角	分	
附单据　张	合　计																							

会计主管　　记账　　稽核　　制单　　出纳　　交领款人

通用记账凭证

年　月　日　　　　　　　　　　　　　　　凭证编号____

摘要	会计科目		借方金额										记账符号	贷方金额										记账符号
	总账科目	明细科目	千	百	十	万	千	百	十	元	角	分		千	百	十	万	千	百	十	元	角	分	
附单据　张	合　计																							

会计主管　　记账　　稽核　　制单　　出纳　　交领款人

通用记账凭证

年　月　日　　　　　　　　　　　　凭证编号_____

摘要	会计科目		借方金额										记账符号	贷方金额										记账符号
	总账科目	明细科目	千	百	十	万	千	百	十	元	角	分		千	百	十	万	千	百	十	元	角	分	
附单据　张	合计																							

会计主管　　记账　　稽核　　制单　　出纳　　交领款人

通用记账凭证

年　月　日　　　　　　　　　　　　凭证编号_____

摘要	会计科目		借方金额										记账符号	贷方金额										记账符号
	总账科目	明细科目	千	百	十	万	千	百	十	元	角	分		千	百	十	万	千	百	十	元	角	分	
附单据　张	合计																							

会计主管　　记账　　稽核　　制单　　出纳　　交领款人

通用记账凭证

年　月　日　　　　　　　　　　　　凭证编号_____

摘要	会计科目		借方金额										记账符号	贷方金额										记账符号
	总账科目	明细科目	千	百	十	万	千	百	十	元	角	分		千	百	十	万	千	百	十	元	角	分	
附单据　张	合计																							

会计主管　　记账　　稽核　　制单　　出纳　　交领款人

通用记账凭证

年　月　日　　　　　　　　　　　　凭证编号_____

摘要	会计科目		借方金额										记账符号	贷方金额										记账符号
	总账科目	明细科目	千	百	十	万	千	百	十	元	角	分		千	百	十	万	千	百	十	元	角	分	
附单据　张	合计																							

会计主管　　记账　　稽核　　制单　　出纳　　交领款人

通用记账凭证

年 月 日 凭证编号_____

摘要	会计科目		借方金额										记账符号	贷方金额										记账符号
	总账科目	明细科目	千	百	十	万	千	百	十	元	角	分		千	百	十	万	千	百	十	元	角	分	
附单据 张	合计																							

会计主管 记账 稽核 制单 出纳 交领款人

通用记账凭证

年 月 日 凭证编号_____

摘要	会计科目		借方金额										记账符号	贷方金额										记账符号
	总账科目	明细科目	千	百	十	万	千	百	十	元	角	分		千	百	十	万	千	百	十	元	角	分	
附单据 张	合计																							

会计主管 记账 稽核 制单 出纳 交领款人

通用记账凭证

年 月 日 凭证编号_____

摘要	会计科目		借方金额										记账符号	贷方金额										记账符号
	总账科目	明细科目	千	百	十	万	千	百	十	元	角	分		千	百	十	万	千	百	十	元	角	分	
附单据 张	合计																							

会计主管 记账 稽核 制单 出纳 交领款人

通用记账凭证

年 月 日 凭证编号_____

摘要	会计科目		借方金额										记账符号	贷方金额										记账符号
	总账科目	明细科目	千	百	十	万	千	百	十	元	角	分		千	百	十	万	千	百	十	元	角	分	
附单据 张	合计																							

会计主管 记账 稽核 制单 出纳 交领款人

通用记账凭证

年　月　日　　　　凭证编号____

摘　要	会计科目		借方金额										记账	贷方金额										记账
	总账科目	明细科目	千	百	十	万	千	百	十	元	角	分	符号	千	百	十	万	千	百	十	元	角	分	符号
附单据　张	合　计																							

会计主管　　记账　　稽核　　制单　　出纳　　交领款人

通用记账凭证

年　月　日　　　　凭证编号____

摘　要	会计科目		借方金额										记账	贷方金额										记账
	总账科目	明细科目	千	百	十	万	千	百	十	元	角	分	符号	千	百	十	万	千	百	十	元	角	分	符号
附单据　张	合　计																							

会计主管　　记账　　稽核　　制单　　出纳　　交领款人

通用记账凭证

年　月　日　　　　凭证编号____

摘　要	会计科目		借方金额										记账	贷方金额										记账
	总账科目	明细科目	千	百	十	万	千	百	十	元	角	分	符号	千	百	十	万	千	百	十	元	角	分	符号
附单据　张	合　计																							

会计主管　　记账　　稽核　　制单　　出纳　　交领款人

通用记账凭证

年　月　日　　　　凭证编号____

摘　要	会计科目		借方金额										记账	贷方金额										记账
	总账科目	明细科目	千	百	十	万	千	百	十	元	角	分	符号	千	百	十	万	千	百	十	元	角	分	符号
附单据　张	合　计																							

会计主管　　记账　　稽核　　制单　　出纳　　交领款人

通用记账凭证

年　月　日　　　　凭证编号____

摘　要	会计科目		借方金额										记账符号	贷方金额										记账符号
	总账科目	明细科目	千	百	十	万	千	百	十	元	角	分		千	百	十	万	千	百	十	元	角	分	
附单据　张	合　计																							

会计主管　　记账　　稽核　　制单　　出纳　　交领款人

通用记账凭证

年　月　日　　　　凭证编号____

摘　要	会计科目		借方金额										记账符号	贷方金额										记账符号
	总账科目	明细科目	千	百	十	万	千	百	十	元	角	分		千	百	十	万	千	百	十	元	角	分	
附单据　张	合　计																							

会计主管　　记账　　稽核　　制单　　出纳　　交领款人

通用记账凭证

年　月　日　　　　凭证编号____

摘　要	会计科目		借方金额										记账符号	贷方金额										记账符号
	总账科目	明细科目	千	百	十	万	千	百	十	元	角	分		千	百	十	万	千	百	十	元	角	分	
附单据　张	合　计																							

会计主管　　记账　　稽核　　制单　　出纳　　交领款人

通用记账凭证

年　月　日　　　　凭证编号____

摘　要	会计科目		借方金额										记账符号	贷方金额										记账符号
	总账科目	明细科目	千	百	十	万	千	百	十	元	角	分		千	百	十	万	千	百	十	元	角	分	
附单据　张	合　计																							

会计主管　　记账　　稽核　　制单　　出纳　　交领款人

通用记账凭证

年　月　日　　　　凭证编号_____

摘　要	会计科目		借方金额										记账符号	贷方金额										记账符号
	总账科目	明细科目	千	百	十	万	千	百	十	元	角	分		千	百	十	万	千	百	十	元	角	分	
附单据　张	合　计																							

会计主管　　记账　　稽核　　制单　　出纳　　交领款人

通用记账凭证

年　月　日　　　　凭证编号_____

摘　要	会计科目		借方金额										记账符号	贷方金额										记账符号
	总账科目	明细科目	千	百	十	万	千	百	十	元	角	分		千	百	十	万	千	百	十	元	角	分	
附单据　张	合　计																							

会计主管　　记账　　稽核　　制单　　出纳　　交领款人

通用记账凭证

年　月　日　　　　凭证编号_____

摘　要	会计科目		借方金额										记账符号	贷方金额										记账符号
	总账科目	明细科目	千	百	十	万	千	百	十	元	角	分		千	百	十	万	千	百	十	元	角	分	
附单据　张	合　计																							

会计主管　　记账　　稽核　　制单　　出纳　　交领款人

通用记账凭证

年　月　日　　　　凭证编号_____

摘　要	会计科目		借方金额										记账符号	贷方金额										记账符号
	总账科目	明细科目	千	百	十	万	千	百	十	元	角	分		千	百	十	万	千	百	十	元	角	分	
附单据　张	合　计																							

会计主管　　记账　　稽核　　制单　　出纳　　交领款人

通用记账凭证

年　月　日　　凭证编号_____

摘要	会计科目		借方金额										记账符号	贷方金额										记账符号
	总账科目	明细科目	千	百	十	万	千	百	十	元	角	分		千	百	十	万	千	百	十	元	角	分	
附单据　张	合计																							

会计主管　记账　稽核　制单　出纳　交领款人

通用记账凭证

年　月　日　　凭证编号_____

摘要	会计科目		借方金额										记账符号	贷方金额										记账符号
	总账科目	明细科目	千	百	十	万	千	百	十	元	角	分		千	百	十	万	千	百	十	元	角	分	
附单据　张	合计																							

会计主管　记账　稽核　制单　出纳　交领款人

通用记账凭证

年　月　日　　凭证编号_____

摘要	会计科目		借方金额										记账符号	贷方金额										记账符号
	总账科目	明细科目	千	百	十	万	千	百	十	元	角	分		千	百	十	万	千	百	十	元	角	分	
附单据　张	合计																							

会计主管　记账　稽核　制单　出纳　交领款人

通用记账凭证

年　月　日　　凭证编号_____

摘要	会计科目		借方金额										记账符号	贷方金额										记账符号
	总账科目	明细科目	千	百	十	万	千	百	十	元	角	分		千	百	十	万	千	百	十	元	角	分	
附单据　张	合计																							

会计主管　记账　稽核　制单　出纳　交领款人

通用记账凭证

年　月　日　　　　　　　　凭证编号_____

摘要	会计科目		借方金额										记账符号	贷方金额										记账符号
	总账科目	明细科目	千	百	十	万	千	百	十	元	角	分		千	百	十	万	千	百	十	元	角	分	
附单据　张	合　计																							

会计主管　　记账　　稽核　　制单　　出纳　　交领款人

通用记账凭证

年　月　日　　　　　　　　凭证编号_____

摘要	会计科目		借方金额										记账符号	贷方金额										记账符号
	总账科目	明细科目	千	百	十	万	千	百	十	元	角	分		千	百	十	万	千	百	十	元	角	分	
附单据　张	合　计																							

会计主管　　记账　　稽核　　制单　　出纳　　交领款人

通用记账凭证

年　月　日　　　　　　　　凭证编号_____

摘要	会计科目		借方金额										记账符号	贷方金额										记账符号
	总账科目	明细科目	千	百	十	万	千	百	十	元	角	分		千	百	十	万	千	百	十	元	角	分	
附单据　张	合　计																							

会计主管　　记账　　稽核　　制单　　出纳　　交领款人

通用记账凭证

年　月　日　　　　　　　　凭证编号_____

摘要	会计科目		借方金额										记账符号	贷方金额										记账符号
	总账科目	明细科目	千	百	十	万	千	百	十	元	角	分		千	百	十	万	千	百	十	元	角	分	
附单据　张	合　计																							

会计主管　　记账　　稽核　　制单　　出纳　　交领款人

通用记账凭证

年　月　日　　　　凭证编号_____

摘要	会计科目		借方金额										记账符号	贷方金额										记账符号
	总账科目	明细科目	千	百	十	万	千	百	十	元	角	分		千	百	十	万	千	百	十	元	角	分	
附单据　张	合　计																							

会计主管　　记账　　稽核　　制单　　出纳　　交领款人

通用记账凭证

年　月　日　　　　凭证编号_____

摘要	会计科目		借方金额										记账符号	贷方金额										记账符号
	总账科目	明细科目	千	百	十	万	千	百	十	元	角	分		千	百	十	万	千	百	十	元	角	分	
附单据　张	合　计																							

会计主管　　记账　　稽核　　制单　　出纳　　交领款人

通用记账凭证

年　月　日　　　　凭证编号_____

摘要	会计科目		借方金额										记账符号	贷方金额										记账符号
	总账科目	明细科目	千	百	十	万	千	百	十	元	角	分		千	百	十	万	千	百	十	元	角	分	
附单据　张	合　计																							

会计主管　　记账　　稽核　　制单　　出纳　　交领款人

通用记账凭证

年　月　日　　　　凭证编号_____

摘要	会计科目		借方金额										记账符号	贷方金额										记账符号
	总账科目	明细科目	千	百	十	万	千	百	十	元	角	分		千	百	十	万	千	百	十	元	角	分	
附单据　张	合　计																							

会计主管　　记账　　稽核　　制单　　出纳　　交领款人

通用记账凭证

年　月　日　　　　　　　　凭证编号____

摘要	会计科目		借方金额										记账	贷方金额										记账
	总账科目	明细科目	千	百	十	万	千	百	十	元	角	分	符号	千	百	十	万	千	百	十	元	角	分	符号
附单据　张	合　计																							

会计主管　　记账　　稽核　　制单　　出纳　　交领款人

通用记账凭证

年　月　日　　　　　　　　凭证编号____

摘要	会计科目		借方金额										记账	贷方金额										记账
	总账科目	明细科目	千	百	十	万	千	百	十	元	角	分	符号	千	百	十	万	千	百	十	元	角	分	符号
附单据　张	合　计																							

会计主管　　记账　　稽核　　制单　　出纳　　交领款人

通用记账凭证

年　月　日　　　　　　　　凭证编号____

摘要	会计科目		借方金额										记账	贷方金额										记账
	总账科目	明细科目	千	百	十	万	千	百	十	元	角	分	符号	千	百	十	万	千	百	十	元	角	分	符号
附单据　张	合　计																							

会计主管　　记账　　稽核　　制单　　出纳　　交领款人

通用记账凭证

年　月　日　　　　　　　　凭证编号____

摘要	会计科目		借方金额										记账	贷方金额										记账
	总账科目	明细科目	千	百	十	万	千	百	十	元	角	分	符号	千	百	十	万	千	百	十	元	角	分	符号
附单据　张	合　计																							

会计主管　　记账　　稽核　　制单　　出纳　　交领款人

通用记账凭证

年　月　日　　　　凭证编号____

摘　要	会计科目		借方金额										记账符号	贷方金额										记账符号
	总账科目	明细科目	千	百	十	万	千	百	十	元	角	分		千	百	十	万	千	百	十	元	角	分	
附单据　张	合	计																						

会计主管　　记账　　稽核　　制单　　出纳　　交领款人

通用记账凭证

年　月　日　　　　凭证编号____

摘　要	会计科目		借方金额										记账符号	贷方金额										记账符号
	总账科目	明细科目	千	百	十	万	千	百	十	元	角	分		千	百	十	万	千	百	十	元	角	分	
附单据　张	合	计																						

会计主管　　记账　　稽核　　制单　　出纳　　交领款人

通用记账凭证

年　月　日　　　　凭证编号____

摘　要	会计科目		借方金额										记账符号	贷方金额										记账符号
	总账科目	明细科目	千	百	十	万	千	百	十	元	角	分		千	百	十	万	千	百	十	元	角	分	
附单据　张	合	计																						

会计主管　　记账　　稽核　　制单　　出纳　　交领款人

通用记账凭证

年　月　日　　　　凭证编号____

摘　要	会计科目		借方金额										记账符号	贷方金额										记账符号
	总账科目	明细科目	千	百	十	万	千	百	十	元	角	分		千	百	十	万	千	百	十	元	角	分	
附单据　张	合	计																						

会计主管　　记账　　稽核　　制单　　出纳　　交领款人

通用记账凭证

年　月　日　　　　凭证编号_____

摘要	会计科目		借方金额										记账符号	贷方金额										记账符号
	总账科目	明细科目	千	百	十	万	千	百	十	元	角	分		千	百	十	万	千	百	十	元	角	分	
附单据　张	合　计																							

会计主管　　记账　　稽核　　制单　　出纳　　交领款人

通用记账凭证

年　月　日　　　　凭证编号_____

摘要	会计科目		借方金额										记账符号	贷方金额										记账符号
	总账科目	明细科目	千	百	十	万	千	百	十	元	角	分		千	百	十	万	千	百	十	元	角	分	
附单据　张	合　计																							

会计主管　　记账　　稽核　　制单　　出纳　　交领款人

通用记账凭证

年　月　日　　　　凭证编号_____

摘要	会计科目		借方金额										记账符号	贷方金额										记账符号
	总账科目	明细科目	千	百	十	万	千	百	十	元	角	分		千	百	十	万	千	百	十	元	角	分	
附单据　张	合　计																							

会计主管　　记账　　稽核　　制单　　出纳　　交领款人

通用记账凭证

年　月　日　　　　凭证编号_____

摘要	会计科目		借方金额										记账符号	贷方金额										记账符号
	总账科目	明细科目	千	百	十	万	千	百	十	元	角	分		千	百	十	万	千	百	十	元	角	分	
附单据　张	合　计																							

会计主管　　记账　　稽核　　制单　　出纳　　交领款人

通用记账凭证

年　月　日　　　　　　凭证编号_____

摘　要	会计科目		借方金额										记账	贷方金额										记账
	总账科目	明细科目	千	百	十	万	千	百	十	元	角	分	符号	千	百	十	万	千	百	十	元	角	分	符号
附单据　张	合　计																							

会计主管　记账　稽核　制单　出纳　交领款人

通用记账凭证

年　月　日　　　　　　凭证编号_____

摘　要	会计科目		借方金额										记账	贷方金额										记账
	总账科目	明细科目	千	百	十	万	千	百	十	元	角	分	符号	千	百	十	万	千	百	十	元	角	分	符号
附单据　张	合　计																							

会计主管　记账　稽核　制单　出纳　交领款人

通用记账凭证

年　月　日　　　　　　凭证编号_____

摘　要	会计科目		借方金额										记账	贷方金额										记账
	总账科目	明细科目	千	百	十	万	千	百	十	元	角	分	符号	千	百	十	万	千	百	十	元	角	分	符号
附单据　张	合　计																							

会计主管　记账　稽核　制单　出纳　交领款人

通用记账凭证

年　月　日　　　　　　凭证编号_____

摘　要	会计科目		借方金额										记账	贷方金额										记账
	总账科目	明细科目	千	百	十	万	千	百	十	元	角	分	符号	千	百	十	万	千	百	十	元	角	分	符号
附单据　张	合　计																							

会计主管　记账　稽核　制单　出纳　交领款人

通用记账凭证

年　月　日　　　　　　　　凭证编号____

摘要	会计科目		借方金额										记账符号	贷方金额										记账符号
	总账科目	明细科目	千	百	十	万	千	百	十	元	角	分		千	百	十	万	千	百	十	元	角	分	
附单据　张	合	计																						

会计主管　　记账　　稽核　　制单　　出纳　　交领款人

通用记账凭证

年　月　日　　　　　　　　凭证编号____

摘要	会计科目		借方金额										记账符号	贷方金额										记账符号
	总账科目	明细科目	千	百	十	万	千	百	十	元	角	分		千	百	十	万	千	百	十	元	角	分	
附单据　张	合	计																						

会计主管　　记账　　稽核　　制单　　出纳　　交领款人

通用记账凭证

年　月　日　　　　　　　　凭证编号____

摘要	会计科目		借方金额										记账符号	贷方金额										记账符号
	总账科目	明细科目	千	百	十	万	千	百	十	元	角	分		千	百	十	万	千	百	十	元	角	分	
附单据　张	合	计																						

会计主管　　记账　　稽核　　制单　　出纳　　交领款人

通用记账凭证

年　月　日　　　　　　　　凭证编号____

摘要	会计科目		借方金额										记账符号	贷方金额										记账符号
	总账科目	明细科目	千	百	十	万	千	百	十	元	角	分		千	百	十	万	千	百	十	元	角	分	
附单据　张	合	计																						

会计主管　　记账　　稽核　　制单　　出纳　　交领款人

附录四　实训用账簿

现金日记账

2015年		凭证号	摘要	借方										贷方										借或贷	余额									
月	日			千	百	十	万	千	百	十	元	角	分	千	百	十	万	千	百	十	元	角	分		千	百	十	万	千	百	十	元	角	分
12	1		上年结转																					借				1	0	0	0	0	0	0
11	30		本年累计			1	6	5	5	1	0	0	0			1	6	9	3	2	0	0	0	借					6	1	9	0	0	0

银行存款日记账

	年	凭证号	摘要	借方										贷方										借或贷	余额									
月	日			千	百	十	万	千	百	十	元	角	分	千	百	十	万	千	百	十	元	角	分		千	百	十	万	千	百	十	元	角	分

银行存款日记账

年		凭证号	摘要	借方										贷方										借或贷	余额									
月	日			千	百	十	万	千	百	十	元	角	分	千	百	十	万	千	百	十	元	角	分		千	百	十	万	千	百	十	元	角	分

其他货币资金明细账

科目编号：　　　　细目：存出投资款　　　　子目：证券公司

年		凭证号	摘要	借方										贷方										借或贷	余额										核对
月	日			千	百	十	万	千	百	十	元	角	分	千	百	十	万	千	百	十	元	角	分		千	百	十	万	千	百	十	元	角	分	
12	1		期初余额																					平								0			

其他货币资金明细账

科目编号：　　　　细目：银行汇票存款　　　　子目：

年		凭证号	摘要	借方										贷方										借或贷	余额										核对
月	日			千	百	十	万	千	百	十	元	角	分	千	百	十	万	千	百	十	元	角	分		千	百	十	万	千	百	十	元	角	分	

交易性金融资产明细账

科目编号：　　　　细目：成本　　　　子目：抚顺特钢股份有限公司

年		凭证号	摘要	借方										贷方										借或贷	余额										核对
月	日			千	百	十	万	千	百	十	元	角	分	千	百	十	万	千	百	十	元	角	分		千	百	十	万	千	百	十	元	角	分	
12	1		期初余额																					借					9	7	0	0	0	0	

交易性金融资产明细账

科目编号：　　　　细目：公允价值变动　　　　子目：抚顺特钢股份有限公司

年		凭证号	摘要	借方										贷方										借或贷	余额										核对
月	日			千	百	十	万	千	百	十	元	角	分	千	百	十	万	千	百	十	元	角	分		千	百	十	万	千	百	十	元	角	分	

应收票据明细账

科目编号：　　　　　细目：商业承兑汇票　　　　　子目：沈阳机床厂

年		凭证号	摘要	借方										贷方										借或贷	余额										核对
月	日			千	百	十	万	千	百	十	元	角	分	千	百	十	万	千	百	十	元	角	分		千	百	十	万	千	百	十	元	角	分	
12	1		期初余额																					借			1	6	0	0	0	0	0	0	

应收账款明细账

科目编号：　　　　　细目：大连机床厂　　　　　子目：

年		凭证号	摘要	借方										贷方										借或贷	余额										核对
月	日			千	百	十	万	千	百	十	元	角	分	千	百	十	万	千	百	十	元	角	分		千	百	十	万	千	百	十	元	角	分	

应收账款明细账

科目编号：　　　　　细目：沈阳机床厂　　　　　子目：

年		凭证号	摘要	借方										贷方										借或贷	余额										核对
月	日			千	百	十	万	千	百	十	元	角	分	千	百	十	万	千	百	十	元	角	分		千	百	十	万	千	百	十	元	角	分	

应收账款明细账

科目编号：　　　　　细目：北京机床厂　　　　　子目：

年		凭证号	摘要	借方										贷方										借或贷	余额										核对
月	日			千	百	十	万	千	百	十	元	角	分	千	百	十	万	千	百	十	元	角	分		千	百	十	万	千	百	十	元	角	分	

其他应收款明细账

科目编号：　　　　　细目：行政科　　　　　子目：

年		凭证号	摘要	借方										贷方										借或贷	余额										核对
月	日			千	百	十	万	千	百	十	元	角	分	千	百	十	万	千	百	十	元	角	分		千	百	十	万	千	百	十	元	角	分	

其他应收款明细账

科目编号：　　　　　细目：郑杰　　　　　子目：

年		凭证号	摘要	借方										贷方										借或贷	余额										核对
月	日			千	百	十	万	千	百	十	元	角	分	千	百	十	万	千	百	十	元	角	分		千	百	十	万	千	百	十	元	角	分	

其他应收款明细账

科目编号：　　　　　细目：陈青　　　　　子目：

年		凭证号	摘要	借方										贷方										借或贷	余额										核对
月	日			千	百	十	万	千	百	十	元	角	分	千	百	十	万	千	百	十	元	角	分		千	百	十	万	千	百	十	元	角	分	

其他应收款明细账

科目编号：　　　　　细目：鞍山市联运公司　　　　　子目：

年		凭证号	摘要	借方										贷方										借或贷	余额										核对
月	日			千	百	十	万	千	百	十	元	角	分	千	百	十	万	千	百	十	元	角	分		千	百	十	万	千	百	十	元	角	分	

低值易耗品明细账

科目编号：　　细目：文件柜　　子目：在用

年		凭证号	摘要	借方										贷方										借或贷	余额										核对
月	日			千	百	十	万	千	百	十	元	角	分	千	百	十	万	千	百	十	元	角	分		千	百	十	万	千	百	十	元	角	分	

低值易耗品明细账

科目编号：　　细目：文件柜　　子目：摊销

年		凭证号	摘要	借方										贷方										借或贷	余额										核对
月	日			千	百	十	万	千	百	十	元	角	分	千	百	十	万	千	百	十	元	角	分		千	百	十	万	千	百	十	元	角	分	

委托加工物资

科目编号：　　细目：宏宇木器加工厂　　子目：包装箱

年		凭证号	摘要	借方										贷方										借或贷	余额										核对
月	日			千	百	十	万	千	百	十	元	角	分	千	百	十	万	千	百	十	元	角	分		千	百	十	万	千	百	十	元	角	分	

长期待摊费用明细账

科目编号：　　细目：管理部门　　子目：书报费

年		凭证号	摘要	借方										贷方										借或贷	余额										核对
月	日			千	百	十	万	千	百	十	元	角	分	千	百	十	万	千	百	十	元	角	分		千	百	十	万	千	百	十	元	角	分	

长期待摊费用明细账

科目编号：　　细目：管理部门　　子目：保险费

年		凭证号	摘要	借方										贷方										借或贷	余额										核对
月	日			千	百	十	万	千	百	十	元	角	分	千	百	十	万	千	百	十	元	角	分		千	百	十	万	千	百	十	元	角	分	

长期待摊费用明细账

科目编号：　　　　　　细目：管理部门　　　　　　子目：房屋维修

年		凭证号	摘要	借方										贷方										借或贷	余额										核对
月	日			千	百	十	万	千	百	十	元	角	分	千	百	十	万	千	百	十	元	角	分		千	百	十	万	千	百	十	元	角	分	

应付票据明细账

科目编号：　　　　　　细目：商业承兑汇票　　　　　　子目：鞍山钢铁公司

年		凭证号	摘要	借方										贷方										借或贷	余额										核对
月	日			千	百	十	万	千	百	十	元	角	分	千	百	十	万	千	百	十	元	角	分		千	百	十	万	千	百	十	元	角	分	

应付票据明细账

科目编号：　　　　　　细目：商业承兑汇票　　　　　　子目：天津化工厂

年		凭证号	摘要	借方										贷方										借或贷	余额										核对
月	日			千	百	十	万	千	百	十	元	角	分	千	百	十	万	千	百	十	元	角	分		千	百	十	万	千	百	十	元	角	分	

应付账款明细账

科目编号：　　　　　　细目：鞍山钢铁公司　　　　　　子目：

年		凭证号	摘要	借方										贷方										借或贷	余额										核对
月	日			千	百	十	万	千	百	十	元	角	分	千	百	十	万	千	百	十	元	角	分		千	百	十	万	千	百	十	元	角	分	

应付账款明细账

科目编号：　　　　　　细目：抚顺市电业局　　　　　　子目：

年		凭证号	摘要	借方										贷方										借或贷	余额										核对
月	日			千	百	十	万	千	百	十	元	角	分	千	百	十	万	千	百	十	元	角	分		千	百	十	万	千	百	十	元	角	分	

应付账款明细账

科目编号：　　　　　　细目：抚顺市自来水公司　　　　　　子目：

年		凭证号	摘要	借方										贷方										借或贷	余额										核对
月	日			千	百	十	万	千	百	十	元	角	分	千	百	十	万	千	百	十	元	角	分		千	百	十	万	千	百	十	元	角	分	

应付账款明细账

科目编号：　　　　　　细目：阜新市中兴煤矿　　　　　　子目：

年		凭证号	摘要	借方										贷方										借或贷	余额										核对
月	日			千	百	十	万	千	百	十	元	角	分	千	百	十	万	千	百	十	元	角	分		千	百	十	万	千	百	十	元	角	分	

应付职工薪酬明细账

科目编号：　　　　　　细目：工资　　　　　　子目：

年		凭证号	摘要	借方										贷方										借或贷	余额										核对
月	日			千	百	十	万	千	百	十	元	角	分	千	百	十	万	千	百	十	元	角	分		千	百	十	万	千	百	十	元	角	分	

应付职工薪酬明细账

科目编号：　　　　　　细目：职工福利　　　　　　子目：

年		凭证号	摘要	借方										贷方										借或贷	余额										核对
月	日			千	百	十	万	千	百	十	元	角	分	千	百	十	万	千	百	十	元	角	分		千	百	十	万	千	百	十	元	角	分	

应付职工薪酬明细账

科目编号：　　　　　　细目：社会保险费　　　　　　子目：

年		凭证号	摘要	借方										贷方										借或贷	余额										核对
月	日			千	百	十	万	千	百	十	元	角	分	千	百	十	万	千	百	十	元	角	分		千	百	十	万	千	百	十	元	角	分	

应付职工薪酬明细账

科目编号：　　　　　　细目：住房公积金　　　　　　子目：

年		凭证号	摘要	借方										贷方										借或贷	余额										核对
月	日			千	百	十	万	千	百	十	元	角	分	千	百	十	万	千	百	十	元	角	分		千	百	十	万	千	百	十	元	角	分	

应付职工薪酬明细账

科目编号：　　　　　　细目：工会经费　　　　　　子目：

年		凭证号	摘要	借方										贷方										借或贷	余额										核对
月	日			千	百	十	万	千	百	十	元	角	分	千	百	十	万	千	百	十	元	角	分		千	百	十	万	千	百	十	元	角	分	

应付职工薪酬明细账

科目编号：　　　　　　细目：职工教育经费　　　　　　子目：

年		凭证号	摘要	借方										贷方										借或贷	余额										核对
月	日			千	百	十	万	千	百	十	元	角	分	千	百	十	万	千	百	十	元	角	分		千	百	十	万	千	百	十	元	角	分	

应交税费明细账

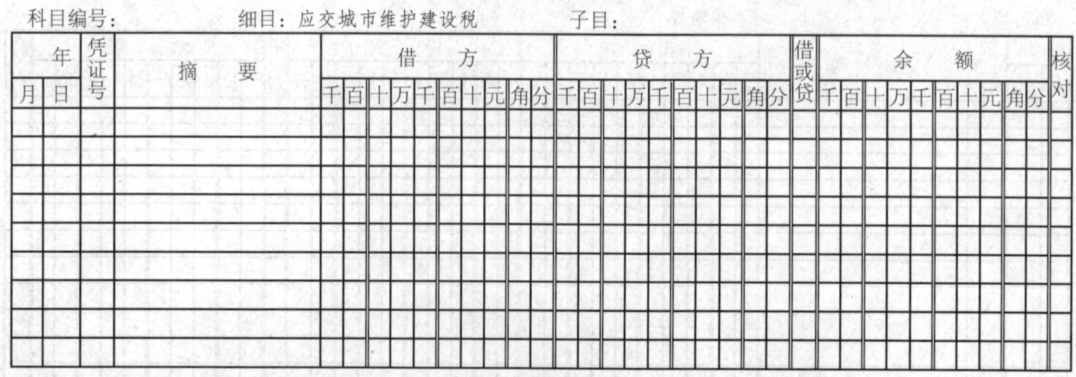

科目编号：　　　　　细目：应交城市维护建设税　　　　　子目：

年		凭证号	摘要	借方										贷方										借或贷	余额										核对
月	日			千	百	十	万	千	百	十	元	角	分	千	百	十	万	千	百	十	元	角	分		千	百	十	万	千	百	十	元	角	分	

应交税费明细账

科目编号：　　　　　细目：应交教育费附加　　　　　子目：

年		凭证号	摘要	借方										贷方										借或贷	余额										核对
月	日			千	百	十	万	千	百	十	元	角	分	千	百	十	万	千	百	十	元	角	分		千	百	十	万	千	百	十	元	角	分	

应交税费明细账

科目编号：　　　　　细目：应交个人所得税　　　　　子目：

年		凭证号	摘要	借方										贷方										借或贷	余额										核对
月	日			千	百	十	万	千	百	十	元	角	分	千	百	十	万	千	百	十	元	角	分		千	百	十	万	千	百	十	元	角	分	

应交税费明细账

科目编号：　　　　　细目：　　　　　子目：

年		凭证号	摘要	借方										贷方										借或贷	余额										核对
月	日			千	百	十	万	千	百	十	元	角	分	千	百	十	万	千	百	十	元	角	分		千	百	十	万	千	百	十	元	角	分	

应交税费明细账

科目编号：　　　　　　细目：应交增值税　　　　　　子目

2015年		凭证号	摘要	借方																																
				进项税额									已交税金								转出未交增值税							合计								
月	日			百	十	万	千	百	十	元	角	分	十	万	千	百	十	元	角	分	万	千	百	十	元	角	分	百	十	万	千	百	十	元	角	分

应交税费明细账

科目编号：　　　　　　细目：应交增值税　　　　　　子目

贷方																																										借或贷	余额								
销项税额									进项税额转出								转出多交增值税								出口退税								合计																		
百	十	万	千	百	十	元	角	分	十	万	千	百	十	元	角	分	十	万	千	百	十	元	角	分	十	万	千	百	十	元	角	分	百	十	万	千	百	十	元	角	分	贷	百	十	万	千	百	十	元	角	分

应交税费**明细账**

科目编号：　　　　细目：未交增值税　　　　子目：

年		凭证号	摘要	借方										贷方										借或贷	余额										核对
月	日			千	百	十	万	千	百	十	元	角	分	千	百	十	万	千	百	十	元	角	分		千	百	十	万	千	百	十	元	角	分	

应交税费**明细账**

科目编号：　　　　细目：应交所得税　　　　子目：

年		凭证号	摘要	借方										贷方										借或贷	余额										核对
月	日			千	百	十	万	千	百	十	元	角	分	千	百	十	万	千	百	十	元	角	分		千	百	十	万	千	百	十	元	角	分	

应付股利**明细账**

科目编号：　　　　细目：应付利润　　　　子目：黎明机械厂

年		凭证号	摘要	借方										贷方										借或贷	余额										核对
月	日			千	百	十	万	千	百	十	元	角	分	千	百	十	万	千	百	十	元	角	分		千	百	十	万	千	百	十	元	角	分	

利润分配**明细账**

科目编号：　　　　细目：提取法定盈余公积　　　　子目：

年		凭证号	摘要	借方										贷方										借或贷	余额										核对
月	日			千	百	十	万	千	百	十	元	角	分	千	百	十	万	千	百	十	元	角	分		千	百	十	万	千	百	十	元	角	分	

利润分配**明细账**

科目编号：　　　　细目：提取任意盈余公积　　　　子目：

年		凭证号	摘要	借方										贷方										借或贷	余额										核对
月	日			千	百	十	万	千	百	十	元	角	分	千	百	十	万	千	百	十	元	角	分		千	百	十	万	千	百	十	元	角	分	

利润分配明细账

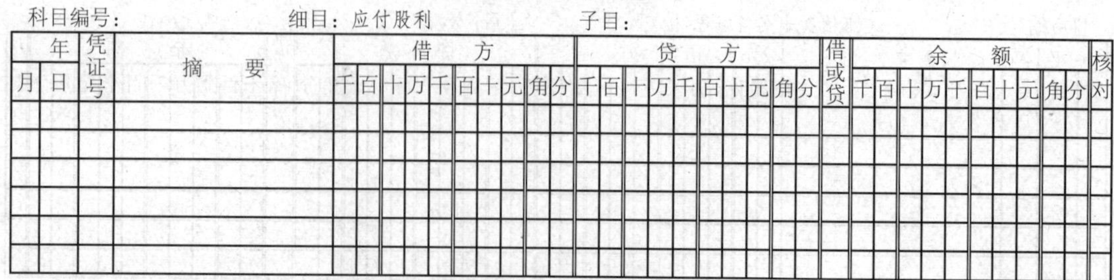

科目编号：　　　　　　　　细目：应付股利　　　　　　　　子目：

年		凭证号	摘要	借方										贷方										借或贷	余额										核对
月	日			千	百	十	万	千	百	十	元	角	分	千	百	十	万	千	百	十	元	角	分		千	百	十	万	千	百	十	元	角	分	

利润分配明细账

科目编号：　　　　　　　　细目：未分配利润　　　　　　　　子目：

年		凭证号	摘要	借方										贷方										借或贷	余额										核对
月	日			千	百	十	万	千	百	十	元	角	分	千	百	十	万	千	百	十	元	角	分		千	百	十	万	千	百	十	元	角	分	

主营业务收入明细账

科目编号：　　　　　　　　细目：镗刀　　　　　　　　子目：

12年		凭证号	摘要	借方										贷方										借或贷	余额										核对
月	日			千	百	十	万	千	百	十	元	角	分	千	百	十	万	千	百	十	元	角	分		千	百	十	万	千	百	十	元	角	分	
11	30		本年累计		2	3	7	0	5	0	0	0	0		2	3	7	0	5	0	0	0	0	平								θ			

主营业务收入明细账

科目编号：　　　　　　　　细目：涂层圆锯片铣刀　　　　　　　　子目：

年		凭证号	摘要	借方										贷方										借或贷	余额										核对
月	日			千	百	十	万	千	百	十	元	角	分	千	百	十	万	千	百	十	元	角	分		千	百	十	万	千	百	十	元	角	分	

其他业务收入明细账

科目编号：　　　　　　　细目：租金收入　　　　　　　　子目：专利权

年		凭证号	摘要	借方										贷方										借或贷	余额										核对
月	日			千	百	十	万	千	百	十	元	角	分	千	百	十	万	千	百	十	元	角	分		千	百	十	万	千	百	十	元	角	分	

其他业务收入明细账

科目编号：　　　　　　　细目：材料出售收入　　　　　　子目：原煤

年		凭证号	摘要	借方										贷方										借或贷	余额										核对
月	日			千	百	十	万	千	百	十	元	角	分	千	百	十	万	千	百	十	元	角	分		千	百	十	万	千	百	十	元	角	分	

主营业务成本明细账

科目编号：　　　　　　　细目：镗刀　　　　　　　　　　子目：

年		凭证号	摘要	借方										贷方										借或贷	余额										核对
月	日			千	百	十	万	千	百	十	元	角	分	千	百	十	万	千	百	十	元	角	分		千	百	十	万	千	百	十	元	角	分	

主营业务成本明细账

科目编号：　　　　　　　细目：涂层圆锯片铣刀　　　　　子目：

年		凭证号	摘要	借方										贷方										借或贷	余额										核对
月	日			千	百	十	万	千	百	十	元	角	分	千	百	十	万	千	百	十	元	角	分		千	百	十	万	千	百	十	元	角	分	

材料采购明细账

科目编号：1401　　明细科目：原料及主要材料　　子目：高碳钢　　计量单位：千克　　单位：元

2015年		凭证号	摘要	借方											2015年		凭证号	摘要	贷方									
				数量	单价	金额													数量	金额								
月	日					百	十	万	千	百	十	元	角	分	月	日				百	十	万	千	百	十	元	角	分
1	1		上月结转	400	330		1	3	2	0	0	0	0	0														

材料采购明细账

科目编号：1401　　明细科目：原料及主要材料　　子目：高速钢　　计量单位：千克　　单位：元

2015年		凭证号	摘要	借方											2015年		凭证号	摘要	贷方									
				数量	单价	金额													数量	金额								
月	日					百	十	万	千	百	十	元	角	分	月	日				百	十	万	千	百	十	元	角	分
1	1		上月结转	500	136			6	8	0	0	0	0	0														

材料采购明细账

科目编号：1401　　明细科目：燃料　　子目：原煤　　计量单位：吨　　单位：元

2015年		凭证号	摘要	借方											2015年		凭证号	摘要	贷方									
				数量	单价	金额													数量	金额								
月	日					百	十	万	千	百	十	元	角	分	月	日				百	十	万	千	百	十	元	角	分

材料采购明细账

科目编号：1401　　明细科目：包装材料　　子目：木材　　计量单位：立方米　　单位：元

2015年		凭证号	摘要	借方											2015年		凭证号	摘要	贷方									
				数量	单价	金额													数量	金额								
月	日					百	十	万	千	百	十	元	角	分	月	日				百	十	万	千	百	十	元	角	分

材料采购明细账

科目编号：1401　　明细科目：辅助材料　　子目：润滑油　　计量单位：千克　　单位：元

2015年		凭证号	摘要	借方											2015年		凭证号	摘要	贷方									
				数量	单价	金额													数量	金额								
月	日					百	十	万	千	百	十	元	角	分	月	日				百	十	万	千	百	十	元	角	分

材料采购明细账

科目编号：1401　　明细科目：辅助材料　　子目：TIC 涂料　　计量单位：千克　　单位：元

2015年		凭证号	摘要	借方											2015年		凭证号	摘要	贷方									
				数量	单价	金额													数量	金额								
月	日					百	十	万	千	百	十	元	角	分	月	日				百	十	万	千	百	十	元	角	分

材料明细账

材料类别：原料及主要材料　　材料编号：1001　　材料名称及规格：高碳钢　　计量单位：千克　　计划单位成本：300　　单位：元

2015年		凭证号	摘要	收入												发出												结存											
				数量	单价	金额										数量	单价	金额										数量	单价	金额									
月	日					千	百	十	万	千	百	十	元	角	分			千	百	十	万	千	百	十	元	角	分			千	百	十	万	千	百	十	元	角	分

材料明细账

材料类别：原料及主要材料　　材料编号：1001　　材料名称及规格：高速钢　　计量单位：千克　　计划单位成本：140　　单位：元

2015年		凭证号	摘要	收入												发出												结存											
				数量	单价	金额										数量	单价	金额										数量	单价	金额									
月	日					千	百	十	万	千	百	十	元	角	分			千	百	十	万	千	百	十	元	角	分			千	百	十	万	千	百	十	元	角	分

材料明细账

材料类别：燃料　　材料编号：201　　材料名称及规格：原煤　　计量单位：吨　　计划单位成本：450　　单位：元

2015年		凭证号	摘要	收入												发出												结存											
				数量	单价	金额										数量	单价	金额										数量	单价	金额									
月	日					千	百	十	万	千	百	十	元	角	分			千	百	十	万	千	百	十	元	角	分			千	百	十	万	千	百	十	元	角	分

材料明细账

材料类别：包装材料　　材料编号：301　　材料名称及规格：木材　　计量单位：立方米　　计划单位成本：600　　单位：元

2015年		凭证号	摘要	收入												发出												结存											
				数量	单价	金额										数量	单价	金额										数量	单价	金额									
月	日					千	百	十	万	千	百	十	元	角	分			千	百	十	万	千	百	十	元	角	分			千	百	十	万	千	百	十	元	角	分

材料明细账

材料类别：辅助材料　　材料编号：4001　　材料名称及规格：润滑油　　计量单位：千克　　计划单位成本：42.4　　单位：元

2015年		凭证号	摘要	收入												发出												结存											
				数量	单价	金额										数量	单价	金额										数量	单价	金额									
月	日					千	百	十	万	千	百	十	元	角	分			千	百	十	万	千	百	十	元	角	分			千	百	十	万	千	百	十	元	角	分

材料明细账

材料类别：辅助材料　　材料编号：4002　　材料名称及规格：TIC 涂料　　计量单位：千克　　计划单位成本：20　　单位：元

2015年		凭证号	摘要	收入												发出												结存											
				数量	单价	金额										数量	单价	金额										数量	单价	金额									
月	日					千	百	十	万	千	百	十	元	角	分			千	百	十	万	千	百	十	元	角	分			千	百	十	万	千	百	十	元	角	分

材料明细账

材料类别：周转材料　　材料编号：50101　　材料名称及规格：包装箱　　计量单位：个　　单位：元

2015年		凭证号	摘要	收入												发出												结存											
				数量	单价	金额										数量	单价	金额										数量	单价	金额									
月	日					千	百	十	万	千	百	十	元	角	分			千	百	十	万	千	百	十	元	角	分			千	百	十	万	千	百	十	元	角	分

材料明细账

材料类别：周转材料　　材料编号：50201　　材料名称及规格：工具　　计量单位：件　　单位：元

2015年		凭证号	摘要	收入												发出												结存											
				数量	单价	金额										数量	单价	金额										数量	单价	金额									
月	日					千	百	十	万	千	百	十	元	角	分			千	百	十	万	千	百	十	元	角	分			千	百	十	万	千	百	十	元	角	分

材料明细账

材料类别：周转材料　材料编号：50202　材料名称及规格：手套　计量单位：打　单位：元

2015年		凭证号	摘要	收入												发出												结存											
				数量	单价	金额										数量	单价	金额										数量	单价	金额									
月	日					千	百	十	万	千	百	十	元	角	分			千	百	十	万	千	百	十	元	角	分			千	百	十	万	千	百	十	元	角	分

材料明细账

材料类别：周转材料　材料编号：50203　材料名称及规格：工作服　计量单位：套　单位：元

2015年		凭证号	摘要	收入												发出												结存											
				数量	单价	金额										数量	单价	金额										数量	单价	金额									
月	日					千	百	十	万	千	百	十	元	角	分			千	百	十	万	千	百	十	元	角	分			千	百	十	万	千	百	十	元	角	分

材料明细账

材料类别：周转材料　材料编号：50204　材料名称及规格：文件柜　计量单位：个　单位：元

2015年		凭证号	摘要	收入												发出												结存											
				数量	单价	金额										数量	单价	金额										数量	单价	金额									
月	日					千	百	十	万	千	百	十	元	角	分			千	百	十	万	千	百	十	元	角	分			千	百	十	万	千	百	十	元	角	分

材料成本差异明细账

材料类别：原料及主要材料

2015年		凭证号	摘要	本月收入																差异率（%）	本月发出																月末结存															
				超支差（借方）								节约差（贷方）									节约差（借方）								超支差（借方）								节约差（贷方）								节约差（贷方）							
月	日			十	万	千	百	十	元	角	分	十	万	千	百	十	元	角	分		十	万	千	百	十	元	角	分	十	万	千	百	十	元	角	分	十	万	千	百	十	元	角	分	十	万	千	百	十	元	角	分

材料成本差异明细账

材料类别：燃料

2015年		凭证号	摘要	本月收入																差异率（%）	本月发出																月末结存															
				超支差（借方）								节约差（贷方）									节约差（借方）								超支差（借方）								节约差（贷方）								节约差（贷方）							
月	日			十	万	千	百	十	元	角	分	十	万	千	百	十	元	角	分		十	万	千	百	十	元	角	分	十	万	千	百	十	元	角	分	十	万	千	百	十	元	角	分	十	万	千	百	十	元	角	分

材料成本差异明细账

材料类别：包装材料

2015年		凭证号	摘要	本月收入																差异率（%）	本月发出																月末结存															
				超支差（借方）								节约差（贷方）									节约差（借方）								超支差（借方）								节约差（贷方）								节约差（贷方）							
月	日			十	万	千	百	十	元	角	分	十	万	千	百	十	元	角	分		十	万	千	百	十	元	角	分	十	万	千	百	十	元	角	分	十	万	千	百	十	元	角	分	十	万	千	百	十	元	角	分

材料成本差异明细账

材料类别：辅助材料

2015年		凭证号	摘要	本月收入																差异率（%）	本月发出																月末结存															
				超支差（借方）								节约差（贷方）									节约差（借方）								超支差（贷方）								超支差（借方）								节约差（贷方）							
月	日			十	万	千	百	十	元	角	分	十	万	千	百	十	元	角	分		十	万	千	百	十	元	角	分	十	万	千	百	十	元	角	分	十	万	千	百	十	元	角	分	十	万	千	百	十	元	角	分

库存商品明细账

科目编号:　　　　　产品编号　001　　　　　产品名称及规格：镗刀　　　　　计量单位：件　　　　　单位：元

2015年		凭证号	摘　要	收　入												发　出												结　存											
				数量	单价	金　额										数量	单价	金　额										数量	单价	金　额									
月	日					千	百	十	万	千	百	十	元	角	分			千	百	十	万	二	百	十	元	角	分			千	百	十	万	千	百	十	元	角	分

库存商品明细账

科目编号：　　　　产品编号：002　　　　产品名称及规格：涂层圆锯片铣刀　　　　计量单位：片　　　　单位：元

2015年		凭证号	摘要	收入												发出												结存											
				数量	单价	金额										数量	单价	金额										数量	单价	金额									
月	日					千	百	十	万	千	百	十	元	角	分			千	百	十	万	千	百	十	元	角	分			千	百	十	万	千	百	十	元	角	分

生产成本明细账

科目编号：5001　　细目：辅助生产车间　　子目：机修车间

2015年		凭证号	摘要	借方																																
				直接材料									职工薪酬								低值易耗品摊销								办公费							
月	日			百	十	万	千	百	十	元	角	分	十	万	千	百	十	元	角	分	十	万	千	百	十	元	角	分	十	万	千	百	十	元	角	分

生产成本明细账

科目编号：5001　　细目：辅助生产车间　　子目：机修车间

借方																																		贷方										余额									
折旧及修理费								水电费								其他								合计																													
十	万	千	百	十	元	角	分	十	万	千	百	十	元	角	分	十	万	千	百	十	元	角	分	千	百	十	万	千	百	十	元	角	分	千	百	十	万	千	百	十	元	角	分	千	百	十	万	千	百	十	元	角	分

生产成本明细账

科目编号：5001　　细目：辅助生产车间　　子目：供汽车间

2015年		凭证号	摘要	借方																																
				直接材料									职工薪酬								低值易耗品摊销								办公费							
月	日			百	十	万	千	百	十	元	角	分	十	万	千	百	十	元	角	分	十	万	千	百	十	元	角	分	十	万	千	百	十	元	角	分

生产成本明细账

科目编号：5001　　细目：辅助生产车间　　子目：供汽车间

借方																																		贷方										余额									
折旧及修理费								水电费								其他								合计																													
十	万	千	百	十	元	角	分	十	万	千	百	十	元	角	分	十	万	千	百	十	元	角	分	千	百	十	万	千	百	十	元	角	分	千	百	十	万	千	百	十	元	角	分	千	百	十	万	千	百	十	元	角	分

制造费用明细账

科目编号：5101　　细目：基本生产车间　　细目：加工车间

2015年		凭证号	摘要	借方																															
				职工薪酬								物料消耗								低值易耗品摊销								办公费							
月	日			十	万	千	百	十	元	角	分	十	万	千	百	十	元	角	分	十	万	千	百	十	元	角	分	十	万	千	百	十	元	角	分

制造费用明细账

科目编号：5101　　细目：基本生产车间　　子目：加工车间

借方																																		贷方										余额									
折旧及修理费								水电费								其他								合计																													
十	万	千	百	十	元	角	分	十	万	千	百	十	元	角	分	十	万	千	百	十	元	角	分	千	百	十	万	千	百	十	元	角	分	千	百	十	万	千	百	十	元	角	分	千	百	十	万	千	百	十	元	角	分

生产成本明细账

科目编号：5001　　基本生产车间：加工车间　　产品规格：镗刀　　实际工时：　　完成产量：300 件

2015 年		凭证号	摘要	借方				余额
				直接材料	直接人工	制造费用	合计	
月	日			百十万千百十元角分	十万千百十元角分	十万千百十元角分	百十万千百十元角分	百十万千百十元角分
12	1		期初余额	3540000	782500	235500	4558000	4558000

生产成本明细账

科目编号：5001　　基本生产车间：加工车间　　产品规格：涂层圆锯片铣刀　　实际工时：　　完成产量：750 片

2015 年		凭证号	摘要	借方				余额
				直接材料	直接人工	制造费用	合计	
月	日			百十万千百十元角分	十万千百十元角分	十万千百十元角分	百十万千百十元角分	百十万千百十元角分

管理费用明细账

2015年		凭证号	摘要	借方																															
				职工薪酬								物料消耗								低值易耗品摊销								办公费							
月	日			十	万	千	百	十	元	角	分	十	万	千	百	十	元	角	分	十	万	千	百	十	元	角	分	十	万	千	百	十	元	角	分

管理费用明细账

借方																																		贷方										余额									
折旧及修理费								水电费								其他								合计																													
十	万	千	百	十	元	角	分	十	万	千	百	十	元	角	分	十	万	千	百	十	元	角	分	千	百	十	万	千	百	十	元	角	分	千	百	十	万	千	百	十	元	角	分	千	百	十	万	千	百	十	元	角	分

销售费用明细账

2015年		凭证号	摘要	借方			
				职工薪酬	物料消耗	低值易耗品摊销	办公费
月	日			十万千百十元角分	十万千百十元角分	十万千百十元角分	十万千百十元角分

销售费用明细账

借方				贷方	余额
折旧及修理费	水电费	其他	合计		
十万千百十元角分	十万千百十元角分	十万千百十元角分	千百十万千百十元角分	千百十万千百十元角分	千百十万千百十元角分

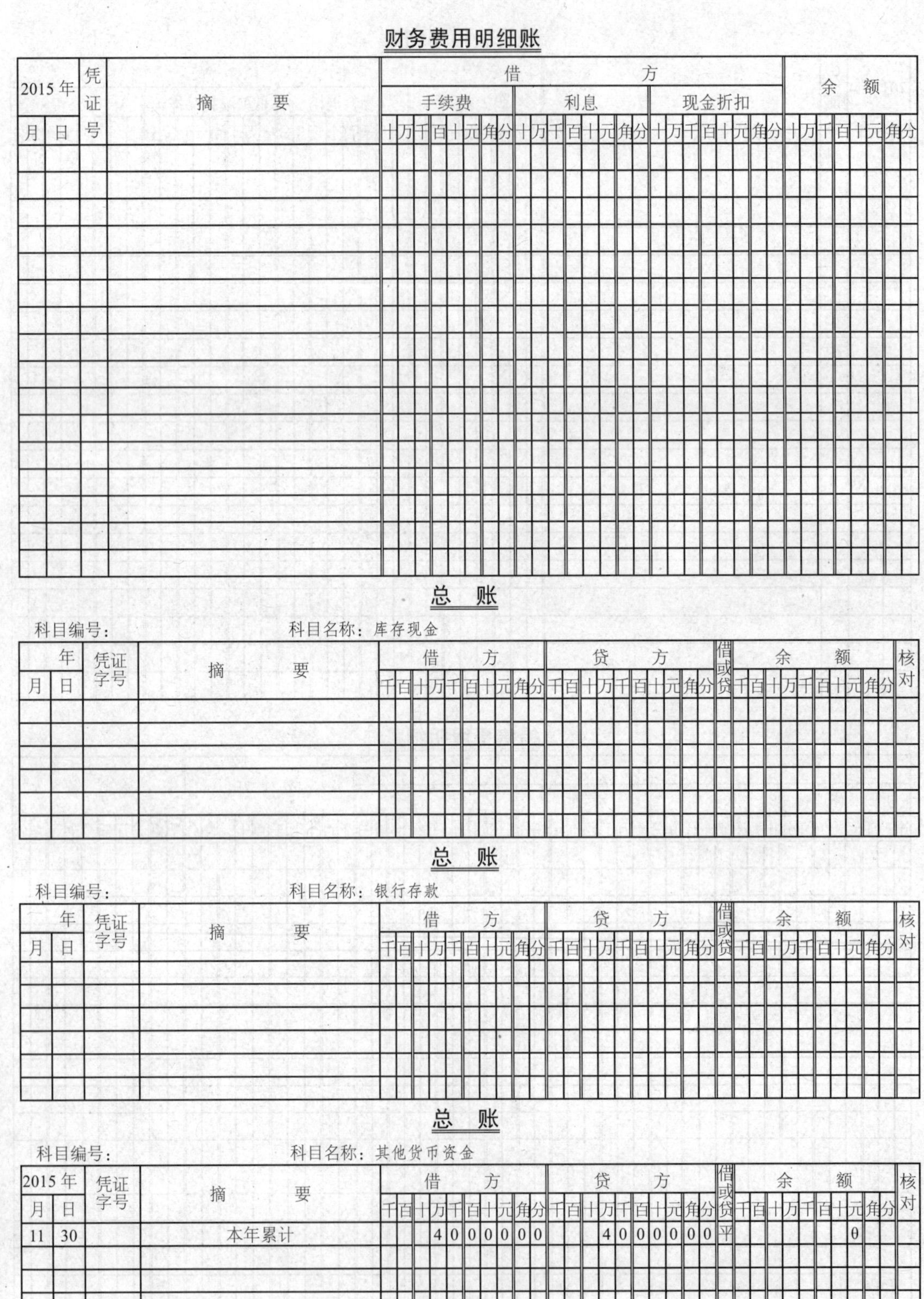

财务费用明细账

2015年		凭证号	摘要	借方																								余额							
				手续费								利息								现金折扣															
月	日			十	万	千	百	十	元	角	分	十	万	千	百	十	元	角	分	十	万	千	百	十	元	角	分	十	万	千	百	十	元	角	分

总 账

科目编号：　　　　　　　　科目名称：库存现金

年		凭证字号	摘要	借方										贷方										借或贷	余额										核对
月	日			千	百	十	万	千	百	十	元	角	分	千	百	十	万	千	百	十	元	角	分		千	百	十	万	千	百	十	元	角	分	

总 账

科目编号：　　　　　　　　科目名称：银行存款

年		凭证字号	摘要	借方										贷方										借或贷	余额										核对
月	日			千	百	十	万	千	百	十	元	角	分	千	百	十	万	千	百	十	元	角	分		千	百	十	万	千	百	十	元	角	分	

总 账

科目编号：　　　　　　　　科目名称：其他货币资金

2015年		凭证字号	摘要	借方										贷方										借或贷	余额										核对
月	日			千	百	十	万	千	百	十	元	角	分	千	百	十	万	千	百	十	元	角	分		千	百	十	万	千	百	十	元	角	分	
11	30		本年累计				4	0	0	0	0	0	0				4	0	0	0	0	0	0	平								θ			

总　账

科目编号：　　　　　　　　　　科目名称：交易性金融资产

月	日	凭证字号	摘要	借方（千百十万千百十元角分）	贷方（千百十万千百十元角分）	借或贷	余额（千百十万千百十元角分）	核对
			本年累计					

总　账

科目编号：　　　　　　　　　　科目名称：应收票据

月	日	凭证字号	摘要	借方（千百十万千百十元角分）	贷方（千百十万千百十元角分）	借或贷	余额（千百十万千百十元角分）	核对
11	30		本年累计	16000000		借	16000000	

总　账

科目编号：　　　　　　　　　　科目名称：应收账款

月	日	凭证字号	摘要	借方（千百十万千百十元角分）	贷方（千百十万千百十元角分）	借或贷	余额（千百十万千百十元角分）	核对
1	1		上年结转			借	43000000	
11	30		本年累计	253564500	258700000	借	37864500	

总　账

科目编号：　　　　　　　　　　科目名称：应收股利

月	日	凭证字号	摘要	借方（千百十万千百十元角分）	贷方（千百十万千百十元角分）	借或贷	余额（千百十万千百十元角分）	核对

总　账

科目编号：　　　　　　　　　　科目名称：其他应收款

月	日	凭证字号	摘要	借方（千百十万千百十元角分）	贷方（千百十万千百十元角分）	借或贷	余额（千百十万千百十元角分）	核对

总　账

科目编号：　　　　　　　　　　　科目名称：坏账准备

年		凭证字号	摘要	借方										贷方										借或贷	余额										核对
月	日			千	百	十	万	千	百	十	元	角	分	千	百	十	万	千	百	十	元	角	分		千	百	十	万	千	百	十	元	角	分	
																								借					1	5	0	0	0	0	

总　账

科目编号：　　　　　　　　　　　科目名称：材料采购

年		凭证字号	摘要	借方										贷方										借或贷	余额										核对
月	日			千	百	十	万	千	百	十	元	角	分	千	百	十	万	千	百	十	元	角	分		千	百	十	万	千	百	十	元	角	分	

总　账

科目编号：　　　　　　　　　　　科目名称：原材料

年		凭证字号	摘要	借方										贷方										借或贷	余额										核对
月	日			千	百	十	万	千	百	十	元	角	分	千	百	十	万	千	百	十	元	角	分		千	百	十	万	千	百	十	元	角	分	

总　账

科目编号：　　　　　　　　　　　科目名称：材料成本差异

年		凭证字号	摘要	借方										贷方										借或贷	余额										核对
月	日			千	百	十	万	千	百	十	元	角	分	千	百	十	万	千	百	十	元	角	分		千	百	十	万	千	百	十	元	角	分	

总　账

科目编号：　　　　　　　　　　　科目名称：包装物

年		凭证字号	摘要	借方										贷方										借或贷	余额										核对
月	日			千	百	十	万	千	百	十	元	角	分	千	百	十	万	千	百	十	元	角	分		千	百	十	万	千	百	十	元	角	分	

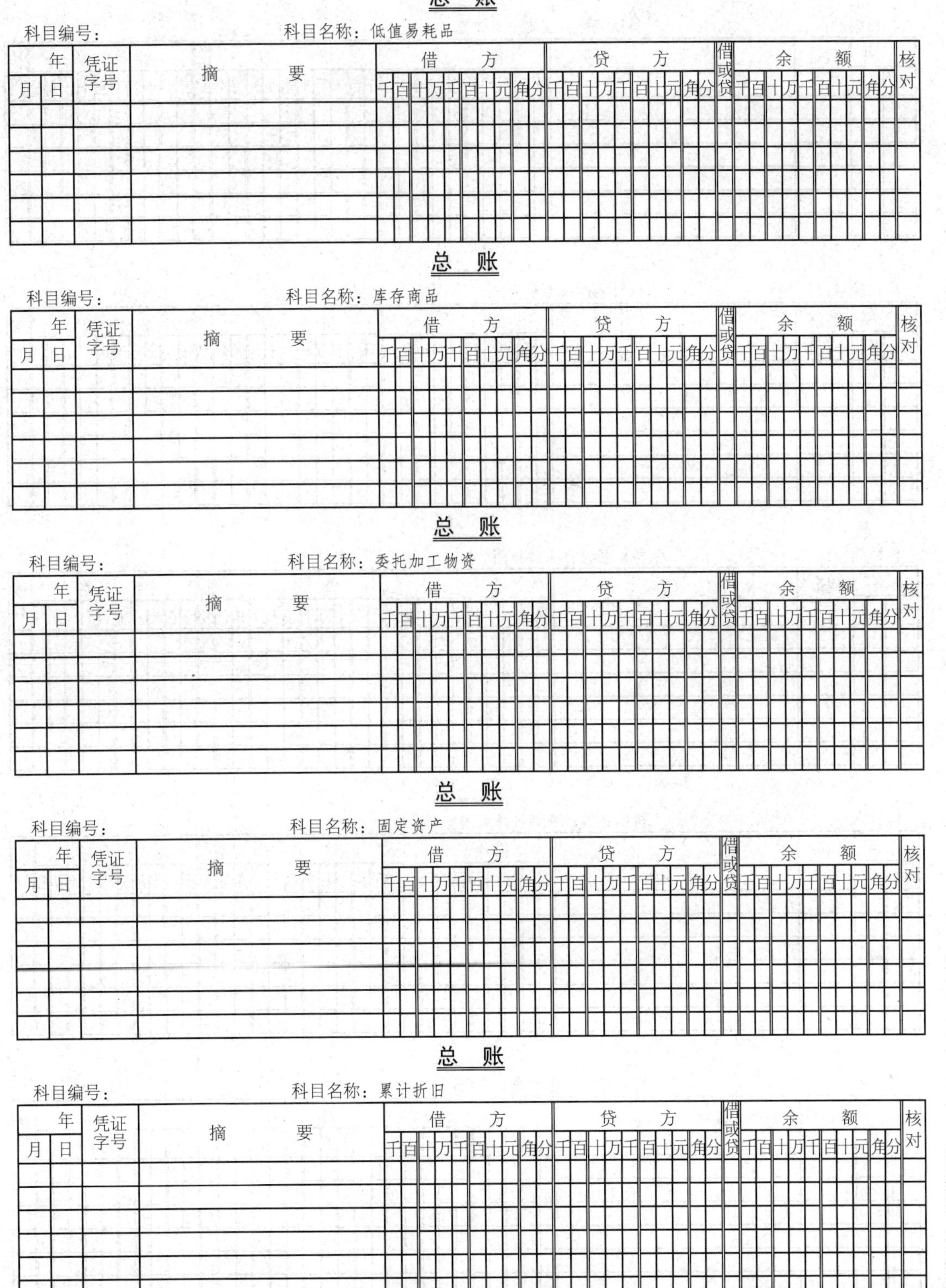

总　账

科目编号：　　　　科目名称：低值易耗品

年		凭证字号	摘要	借方										贷方										借或贷	余额										核对
月	日			千	百	十	万	千	百	十	元	角	分	千	百	十	万	千	百	十	元	角	分		千	百	十	万	千	百	十	元	角	分	

总　账

科目编号：　　　　科目名称：库存商品

年		凭证字号	摘要	借方										贷方										借或贷	余额										核对
月	日			千	百	十	万	千	百	十	元	角	分	千	百	十	万	千	百	十	元	角	分		千	百	十	万	千	百	十	元	角	分	

总　账

科目编号：　　　　科目名称：委托加工物资

年		凭证字号	摘要	借方										贷方										借或贷	余额										核对
月	日			千	百	十	万	千	百	十	元	角	分	千	百	十	万	千	百	十	元	角	分		千	百	十	万	千	百	十	元	角	分	

总　账

科目编号：　　　　科目名称：固定资产

年		凭证字号	摘要	借方										贷方										借或贷	余额										核对
月	日			千	百	十	万	千	百	十	元	角	分	千	百	十	万	千	百	十	元	角	分		千	百	十	万	千	百	十	元	角	分	

总　账

科目编号：　　　　科目名称：累计折旧

年		凭证字号	摘要	借方										贷方										借或贷	余额										核对
月	日			千	百	十	万	千	百	十	元	角	分	千	百	十	万	千	百	十	元	角	分		千	百	十	万	千	百	十	元	角	分	

总 账

科目编号：　　　　　　　　　科目名称：固定资产清理

年		凭证字号	摘要	借方										贷方										借或贷	余额										核对
月	日			千	百	十	万	千	百	十	元	角	分	千	百	十	万	千	百	十	元	角	分		千	百	十	万	千	百	十	元	角	分	

总 账

科目编号：　　　　　　　　　科目名称：无形资产

年		凭证字号	摘要	借方										贷方										借或贷	余额										核对
月	日			千	百	十	万	千	百	十	元	角	分	千	百	十	万	千	百	十	元	角	分		千	百	十	万	千	百	十	元	角	分	

总 账

科目编号：　　　　　　　　　科目名称：累计摊销

年		凭证字号	摘要	借方										贷方										借或贷	余额										核对
月	日			千	百	十	万	千	百	十	元	角	分	千	百	十	万	千	百	十	元	角	分		千	百	十	万	千	百	十	元	角	分	

总 账

科目编号：　　　　　　　　　科目名称：长期待摊费用

年		凭证字号	摘要	借方										贷方										借或贷	余额										核对
月	日			千	百	十	万	千	百	十	元	角	分	千	百	十	万	千	百	十	元	角	分		千	百	十	万	千	百	十	元	角	分	

总 账

科目编号：　　　　　　　　　科目名称：待处理财产损溢

年		凭证字号	摘要	借方										贷方										借或贷	余额										核对
月	日			千	百	十	万	千	百	十	元	角	分	千	百	十	万	千	百	十	元	角	分		千	百	十	万	千	百	十	元	角	分	

总 账

科目编号：　　　　　　　　　科目名称：基本生产成本

年		凭证字号	摘要	借方										贷方										借或贷	余额										核对
月	日			千	百	十	万	千	百	十	元	角	分	千	百	十	万	千	百	十	元	角	分		千	百	十	万	千	百	十	元	角	分	

总 账

科目编号：　　　　　　　　　科目名称：辅助生产成本

年		凭证字号	摘要	借方										贷方										借或贷	余额										核对
月	日			千	百	十	万	千	百	十	元	角	分	千	百	十	万	千	百	十	元	角	分		千	百	十	万	千	百	十	元	角	分	

总 账

科目编号：　　　　　　　　　科目名称：制造费用

年		凭证字号	摘要	借方										贷方										借或贷	余额										核对
月	日			千	百	十	万	千	百	十	元	角	分	千	百	十	万	千	百	十	元	角	分		千	百	十	万	千	百	十	元	角	分	

总 账

科目编号：　　　　　　　　　科目名称：短期借款

年		凭证字号	摘要	借方										贷方										借或贷	余额										核对
月	日			千	百	十	万	千	百	十	元	角	分	千	百	十	万	千	百	十	元	角	分		千	百	十	万	千	百	十	元	角	分	

总 账

科目编号：　　　　　　　　　科目名称：应付票据

年		凭证字号	摘要	借方										贷方										借或贷	余额										核对
月	日			千	百	十	万	千	百	十	元	角	分	千	百	十	万	千	百	十	元	角	分		千	百	十	万	千	百	十	元	角	分	

总　账

科目编号：　　　　　　　　科目名称：应付账款

年		凭证字号	摘要	借方										贷方										借或贷	余额										核对
月	日			千	百	十	万	千	百	十	元	角	分	千	百	十	万	千	百	十	元	角	分		千	百	十	万	千	百	十	元	角	分	

总　账

科目编号：　　　　　　　　科目名称：预收账款

年		凭证字号	摘要	借方										贷方										借或贷	余额										核对
月	日			千	百	十	万	千	百	十	元	角	分	千	百	十	万	千	百	十	元	角	分		千	百	十	万	千	百	十	元	角	分	

总　账

科目编号：　　　　　　　　科目名称：应付职工薪酬

年		凭证字号	摘要	借方										贷方										借或贷	余额										核对
月	日			千	百	十	万	千	百	十	元	角	分	千	百	十	万	千	百	十	元	角	分		千	百	十	万	千	百	十	元	角	分	

总　账

科目编号：　　　　　　　　科目名称：应交税费

年		凭证字号	摘要	借方										贷方										借或贷	余额										核对
月	日			千	百	十	万	千	百	十	元	角	分	千	百	十	万	千	百	十	元	角	分		千	百	十	万	千	百	十	元	角	分	

总　账

科目编号：　　　　　　　　科目名称：应付利息

年		凭证字号	摘要	借方										贷方										借或贷	余额										核对
月	日			千	百	十	万	千	百	十	元	角	分	千	百	十	万	千	百	十	元	角	分		千	百	十	万	千	百	十	元	角	分	

总　账

科目编号：　　　　　　　　科目名称：应付股利

年		凭证字号	摘要	借方										贷方										借或贷	余额										核对
月	日			千	百	十	万	千	百	十	元	角	分	千	百	十	万	千	百	十	元	角	分		千	百	十	万	千	百	十	元	角	分	

总　账

科目编号：　　　　　　　　科目名称：长期借款

年		凭证字号	摘要	借方										贷方										借或贷	余额										核对
月	日			千	百	十	万	千	百	十	元	角	分	千	百	十	万	千	百	十	元	角	分		千	百	十	万	千	百	十	元	角	分	

总　账

科目编号：　　　　　　　　科目名称：实收资本

年		凭证字号	摘要	借方										贷方										借或贷	余额										核对
月	日			千	百	十	万	千	百	十	元	角	分	千	百	十	万	千	百	十	元	角	分		千	百	十	万	千	百	十	元	角	分	

总　账

科目编号：　　　　　　　　科目名称：资本公积

年		凭证字号	摘要	借方										贷方										借或贷	余额										核对
月	日			千	百	十	万	千	百	十	元	角	分	千	百	十	万	千	百	十	元	角	分		千	百	十	万	千	百	十	元	角	分	

总　账

科目编号：　　　　　　　　科目名称：盈余公积

年		凭证字号	摘要	借方										贷方										借或贷	余额										核对
月	日			千	百	十	万	千	百	十	元	角	分	千	百	十	万	千	百	十	元	角	分		千	百	十	万	千	百	十	元	角	分	

总　账

科目编号：　　　　　　　　　科目名称：本年利润

月	日	凭证字号	摘　　要	借方 千百十万千百十元角分	贷方 千百十万千百十元角分	借或贷	余额 千百十万千百十元角分	核对
11	30		本年累计	286310000	339310000	贷	53000000	

总　账

科目编号：　　　　　　　　　科目名称：利润分配

月	日	凭证字号	摘　　要	借方 千百十万千百十元角分	贷方 千百十万千百十元角分	借或贷	余额 千百十万千百十元角分	核对
1	1		上年结转			贷	6000000	

总　账

科目编号：　　　　　　　　　科目名称：主营业务收入

月	日	凭证字号	摘　　要	借方 千百十万千百十元角分	贷方 千百十万千百十元角分	借或贷	余额 千百十万千百十元角分	核对
11	30		本年累计	316070000	316070000	平	0	

总　账

科目编号：　　　　　　　　　科目名称：其他业务收入

月	日	凭证字号	摘　　要	借方 千百十万千百十元角分	贷方 千百十万千百十元角分	借或贷	余额 千百十万千百十元角分	核对

总　账

科目编号：　　　　　　　　　科目名称：投资收益

月	日	凭证字号	摘　　要	借方 千百十万千百十元角分	贷方 千百十万千百十元角分	借或贷	余额 千百十万千百十元角分	核对

总　账

科目编号：　　　　　　　　　　科目名称：公允价值变动损益

年		凭证字号	摘要	借方										贷方										借或贷	余额										核对
月	日			千	百	十	万	千	百	十	元	角	分	千	百	十	万	千	百	十	元	角	分		千	百	十	万	千	百	十	元	角	分	

总　账

科目编号：　　　　　　　　　　科目名称：营业外收入

年		凭证字号	摘要	借方										贷方										借或贷	余额										核对
月	日			千	百	十	万	千	百	十	元	角	分	千	百	十	万	千	百	十	元	角	分		千	百	十	万	千	百	十	元	角	分	

总　账

科目编号：　　　　　　　　　　科目名称：主营业务成本

年		凭证字号	摘要	借方										贷方										借或贷	余额										核对
月	日			千	百	十	万	千	百	十	元	角	分	千	百	十	万	千	百	十	元	角	分		千	百	十	万	千	百	十	元	角	分	

总　账

科目编号：　　　　　　　　　　科目名称：其他业务成本

年		凭证字号	摘要	借方										贷方										借或贷	余额										核对
月	日			千	百	十	万	千	百	十	元	角	分	千	百	十	万	千	百	十	元	角	分		千	百	十	万	千	百	十	元	角	分	

总　账

科目编号：　　　　　　　　　　科目名称：营业税金及附加

年		凭证字号	摘要	借方										贷方										借或贷	余额										核对
月	日			千	百	十	万	千	百	十	元	角	分	千	百	十	万	千	百	十	元	角	分		千	百	十	万	千	百	十	元	角	分	

总　账

科目编号：　　　　　　　　　　科目名称：销售费用

年		凭证字号	摘要	借方										贷方										借或贷	余额										核对
月	日			千	百	十	万	千	百	十	元	角	分	千	百	十	万	千	百	十	元	角	分		千	百	十	万	千	百	十	元	角	分	

总　账

科目编号：　　　　　　　　　　科目名称：管理费用

年		凭证字号	摘要	借方										贷方										借或贷	余额										核对
月	日			千	百	十	万	千	百	十	元	角	分	千	百	十	万	千	百	十	元	角	分		千	百	十	万	千	百	十	元	角	分	

总　账

科目编号：　　　　　　　　　　科目名称：财务费用

年		凭证字号	摘要	借方										贷方										借或贷	余额										核对
月	日			千	百	十	万	千	百	十	元	角	分	千	百	十	万	千	百	十	元	角	分		千	百	十	万	千	百	十	元	角	分	

总　账

科目编号：　　　　　　　　　　科目名称：资产减值损失

年		凭证字号	摘要	借方										贷方										借或贷	余额										核对
月	日			千	百	十	万	千	百	十	元	角	分	千	百	十	万	千	百	十	元	角	分		千	百	十	万	千	百	十	元	角	分	

总　账

科目编号：　　　　　　　　　　科目名称：营业外支出

年		凭证字号	摘要	借方										贷方										借或贷	余额										核对
月	日			千	百	十	万	千	百	十	元	角	分	千	百	十	万	千	百	十	元	角	分		千	百	十	万	千	百	十	元	角	分	

总 账

科目编号：　　　　　　　　　科目名称：所得税费用

年		凭证字号	摘要	借方										贷方										借或贷	余额										核对
月	日			千	百	十	万	千	百	十	元	角	分	千	百	十	万	千	百	十	元	角	分		千	百	十	万	千	百	十	元	角	分	

总 账

科目编号：　　　　　　　　　科目名称：

年		凭证字号	摘要	借方										贷方										借或贷	余额										核对
月	日			千	百	十	万	千	百	十	元	角	分	千	百	十	万	千	百	十	元	角	分		千	百	十	万	千	百	十	元	角	分	

说明

没有开设固定资产卡片，而且应该开设但没有开设明细账的会计科目有：（1）应收股利；（2）固定资产清理；（3）无形资产；（4）累计摊销；（5）待处理财产损溢；（6）短期借款；（7）应付利息；（8）预收账款；（9）长期借款；（10）实收资本；（11）资本公积；（12）盈余公积；（13）其他业务成本；（14）投资收益；（15）营业外收入；（16）营业外支出；（17）所得税费用；（18）坏账准备；（19）公允价值变动损益；（20）资产减值损失。

附录五　实训用科目汇总表、试算平衡表及会计报表

科目汇总表

核算单位：　　　　　　　　　　　　　　会计期间：　　　　　　　　　　　　　　汇总范围：

科目代码或名称	借方发生金额	贷方发生金额	科目代码或名称	借方发生金额	贷方发生金额

本期发生额及余额试算平衡表

2015 年 12 月 31 日

会计科目名称	期初余额		本期发生额		期末余额	
	借方	贷方	借方	贷方	借方	贷方

本期发生额及余额试算平衡表

2015 年 12 月 31 日

会计科目名称	期初余额		本期发生额		期末余额	
	借方	贷方	借方	贷方	借方	贷方

资产负债表

编制单位：　　　　　　　　　　　　2015 年 12 月 31 日　　　　　　　　　　　　单位：元

资　　产	年初余额	期末余额	负债和所有者权益	年初余额	期末余额
流动资产：			**流动负债：**		
货币资金			短期借款		
交易性金融资产			交易性金融负债		
应收票据			应付票据		
应收账款			应付账款		
预付款项			预收款项		
应收利息			应付职工薪酬		
应收股利			应交税费		
其他应收款			应付利息		
存货			应付股利		
一年内到期的非流动资产			其他应付款		
其他流动资产			一年内到期的非流动负债		
流动资产合计			其他流动负债		
非流动资产：			**流动负债合计**		
可供出售金融资产			**非流动负债：**		
持有至到期投资			长期借款		
长期应收款			应付债券		
长期股权投资			长期应付款		
投资性房地产			专项应付款		
固定资产			预计负债		
在建工程			递延所得税负债		
工程物资			其他非流动负债		
固定资产清理			**非流动负债合计**		
生产性生物资产			**负债合计**		
油气资产			**所有者权益(或股东权益)：**		
无形资产			实收资本（或股本）		
开发支出			资本公积		
商誉			减：库存股		
长期待摊费用			盈余公积		
递延所得税资产			未分配利润		
其他非流动资产			**所有者权益(或股东权益)合计**		
非流动资产合计					
资产总计			**负债和所有者权益总计**		

利润表

编制单位：　　　　　　　　　　　　2015 年度　　　　　　　　　　　　单位：元

项　　　　　　目	本期金额	上期金额（略）
一、营业收入		
减：营业成本		
营业税金及附加		
销售费用		
管理费用		
财务费用		
资产减值损失		
加：公允价值变动收益（损失以“—”号填列）		
投资收益（损失以“—”号填列）		
其中：对联营企业和合营企业的投资收益		
二、营业利润（亏损以“—”号填列）		
加：营业外收入		
减：营业外支出		
其中：非流动资产处置损失		
三、利润总额（亏损总额以“—”号填列）		
减：所得税费用		
四、净利润（净亏损以“—”号填列）		
五、每股收益		
（一）基本每股收益		
（二）稀释每股收益		
六、其他综合收益		
七、综合收益总额		

现金流量表

编制单位： 2015 年 12 月 单位：元

项　　目	本期金额	上期金额
一、经营活动产生的现金流量：		
销售商品、提供劳务收到的现金		
收到的税费返还		
收到其他与经营活动有关的现金		
经营活动现金流入小计		
购买商品、接受劳务支付的现金		
支付给职工以及为职工支付的现金		
支付的各项税费		
支付其他与经营活动有关的现金		
经营活动现金流出小计		
经营活动产生的现金流量净额		
二、投资活动产生的现金流量：		
收回投资收到的现金		
取得投资收益收到的现金		
处置固定资产、无形资产和其他长期资产收回的现金净额		
处置子公司及其他营业单位收到的现金净额		
收到其他与投资活动有关的现金		
投资活动现金流入小计		
购建固定资产、无形资产和其他长期资产支付的现金		
投资支付的现金		
取得子公司及其他营业单位支付的现金净额		
支付其他与投资活动有关的现金		
投资活动现金流出小计		
投资活动产生的现金流量净额		
三、筹资活动产生的现金流量：		
吸收投资收到的现金		
取得借款收到的现金		
收到其他与筹资活动有关的现金		
筹资活动现金流入小计		
偿还债务支付的现金		
分配股利、利润或偿付利息支付的现金		
支付其他与筹资活动有关的现金		
筹资活动现金流出小计		
筹资活动产生的现金流量净额		
四、汇率变动对现金及现金等价物的影响		
五、现金及现金等价物净增加额		
加：期初现金及现金等价物余额		
六、期末现金及现金等价物余额		

现金流量表补充资料

项　　目	本期金额	上期金额
1. 将净利润调节为经营活动现金流量		
净利润		
加：资产减值准备		
固定资产折旧、油气资产折耗、生产性生物资产折旧		
无形资产摊销		
长期待摊费用摊销		
处置固定资产、无形资产和其他长期资产的损失（收益以“—”号填列）		
固定资产盘亏损失（收益以“—”号填列）		
公允价值变动损失（收益以“—”号填列）		
财务费用（收益以“—”号填列）		
投资损失（收益以“—”号填列）		
递延所得税资产减少（增加以“—”号填列）		
递延所得税负债增加（减少以“—”号填列）		
存货的减少（增加以“—”号填列）		
经营性应收项目的减少（增加以“—”号填列）		
经营性应付项目的增加（减少以“—”号填列）		
其他		
经营活动产生的现金流量净额		
2. 不涉及现金收支的重大投资和筹资活动		
债务转为资本		
一年内到期的可转换公司债券		
融资租入固定资产		
3. 现金及现金等价物净变动情况		
现金的期末余额		
减：现金的期初余额		
加：现金等价物的期末余额		
减：现金等价物的期初余额		
现金及现金等价物净增加额		

所有者权益变动表

编制单位　　　　　　　　　　2015 年度　　　　　　　　　　单位：元

项　　目	上年或本年金额					
	实收资本（或股本）	资本公积	减：库存股	盈余公积	未分配利润	所有者权益合计
一、上年年末余额						
加：会计政策变更						
前期差错更正						
二、本年年初余额						
三、本年增减变动金额（减少以“—”号填列）						
（一）净利润						
（二）其他综合收益						
上述（一）和（二）小计						
（三）所有者投入和减少资本						
1.所有者投入资本						
2.股份支付计入所有者权益的金额						
3.其他						
（四）利润分配						
1. 提取盈余公积						
2. 对所有者（或股东）的分配						
3. 其他						
（五）所有者权益内部结转						
1. 资本公积转增资本（或股本）						
2. 盈余公积转增资本（或股本）						
3. 盈余公积弥补亏损						
4. 其他						
四、本年年末余额						

财务会计实训教程（第 2 版）

（原始凭证）

21 世纪高等院校经济管理类规划教材 已出版教材书目

- ❖ 管理学——原理与实务（第 2 版）（35395）
- ❖ 客户关系管理理论与应用（39343）
- ❖ 生产运作管理（28840）
- ❖ 微观经济学（第 2 版）（39400）
- ❖ 财务管理（28482）
- ❖ 中级财务会计教程（35981）
- ❖ 公司文化管理（37650）
- ❖ 组织行为学（27265）
- ❖ 经济学基础（39039）
- ❖ 劳动经济学（33309）
- ❖ 中级财务会计（第 2 版）（33887）
- ❖ 财务会计实训教程（第 2 版）（附原始凭证）（40690）
- ❖ 成本会计（第 2 版）（39288）
- ❖ 应用统计学（第 2 版）（38994）
- ❖ 国际贸易实务（37235）
- ❖ 报关实务（28352）
- ❖ 电子商务概论（38748）
- ❖ 财政与金融（40465）
- ❖ 证券投资学（第 2 版）（34302）
- ❖ 保险学（31048）
- ❖ 期货交易实务（39021）
- ❖ 现代金融学（36897）
- ❖ 财政学（31521）
- ❖ 现代社交礼仪（第 2 版）（25681）
- ❖ 审计理论与实务（31064）
- ❖ 国际贸易理论与政策（37138）
- ❖ 中国对外贸易（39436）
- ❖ 电子商务概论（第 2 版）（32117）
- ❖ 国际市场营销（39077）
- ❖ 金融法（30980）
- ❖ 证券投资学（28271）
- ❖ 外汇交易原理与实务（第 2 版）（38372）
- ❖ 国际金融理论与实务（第 2 版）（34697）
- ❖ 金融专业英语（39042）
- ❖ 商品学（35374）
- ❖ 商务礼仪（36091）

本书特色

利用二维码提供相关网络资源，方便读者及时查询。

提供实训素材和指导，融基本功训练、岗位技能训练和综合技能训练为一体。

模拟企业实际会计业务事项，按营改增调整相关业务；原始凭证和记账凭证单独成册，方便裁剪后使用；重点内容包括识别、填制和运用各种会计凭证以及记账、算账、对账、结账、报账等会计业务操作技能。

提供实训参考答案、课件、习题集、补充阅读资料等，索取方式参见“配套资料索取说明”。

ISBN 978-7-115-40690-3

定价：56.00 元